U0832745

长沙历史文化街巷
潮宗街
长沙市人民政府立
二零零五年十二月
潮宗街西起湘江路，东止黄兴北路（原北正街），是长沙城仅存的四条古麻石路之一。潮宗街因临城门潮宗门而名，又名草场门正街，明清时是长沙县署和临湘驿站所在地，行人往来，车水马龙，旅店业特别发达。旧时潮宗街是出潮宗门达湘江河运码头的必经之道，因而成为米业、堆栈业的集中之地。潮宗街的历史文化遗址有：一九二零年毛泽东创办的文化书社、清末军机大臣瞿鸿禨故宅、真耶稣教会堂等。

绘长沙潮宗街

绘筑中国系列丛书

王 蔚　易锦田

著

沙街作队
长宗
绘潮创团

创作总监

王　蔚

创作副总监

易锦田　周逸桉

学术指导

魏春雨　冯意刚　唐曙光　解　成　柳　肃　陈先枢
吴海浪　叶　强　卢健松　陈　翚　周　恺　沈　瑶
李文华　翁东华　严　钧　赖文波　孙　媛　许昊皓
欧雄全　韩　锐　晟　龙　何　玲　杨　夏　欧阳虹彬

首席插画师

张雅琪　姚瑞华

创作人员

彭　凡　佘隆基　徐智博　伍田田　姜　滔　许　一
兰子千　周鸿渐　周　鞯　钟敏蓉　蒋静姝　高　藤
余文韬　颜　煜

摄影

晟　龙　罗朴之　彭　凡

技术支持

温凯翔　卜志宏　陈　滦　曹慧慧　李　璟　陈少斌

项目学术策划

湖南大学建筑学院
长沙市自然资源与规划局
凡益工作室

项目创作执行

凡益工作室

特别鸣谢

清华大学《住区》杂志社
长沙市规划勘测设计院
长沙市城建档案馆
《中外建筑》杂志社
文和友
有田设计
方实验室丨FUNION Labs
RUIS 锐思工作室

课题资助项目

长沙市自然资源与规划局——长沙市潮宗街历史街区城市绘本
长沙市科学技术协会——长沙城市更新策略研究（kt20190103）
长沙市自然科学基金——基于移动机器视觉的历史建筑三维重建方法应用（kq2007032）
湖南省科技创新计划项目（2017XK2102）
智能制造机器人技术创新平台
历史建筑机器视觉三维重建与恢复

技术支持

湖南大学机器人视觉感知与控制技术国家工程实验室
湖南大学设计研究院有限公司
湖南大学数字建筑实验室（DAL）
湖南大学建筑媒介实验室

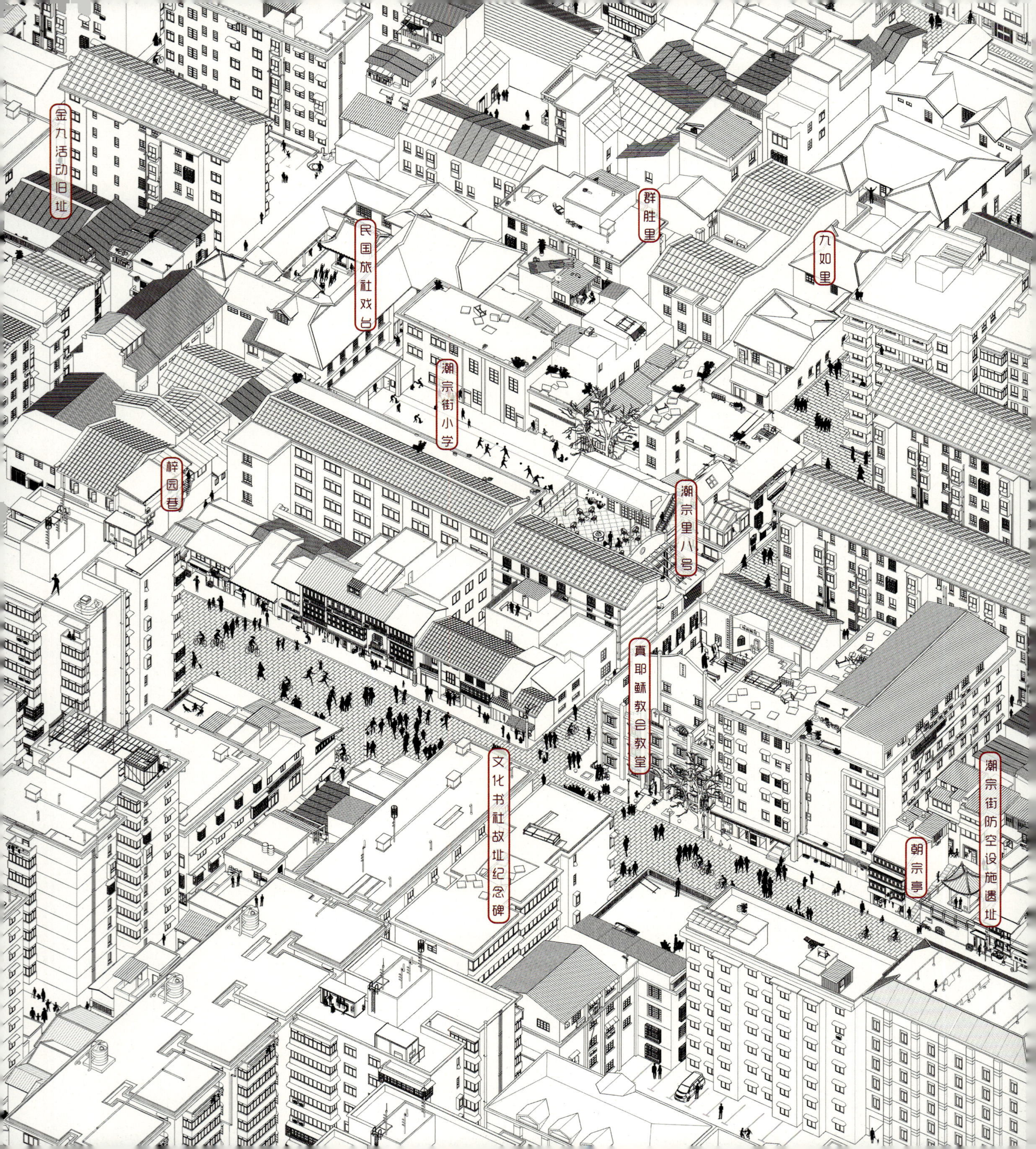
金九活动旧址
民国旅社戏台
群胜里
九如里
潮宗街小学
梓园巷
潮宗里八号
真耶稣教会教堂
文化书社故址纪念碑
朝宗亭
潮宗街防空设施遗址

绘长沙 潮宗街 目录

舍小家顾大家支持城市建设
识大体顾大局共创美好家园
4
洗烫
内巷

序一

城市是一种复杂的综合体，而城市的真实面貌或许从未有人真正掌握——它既是由钢筋水泥建造的真实构造物，又是存在于意识与历史中的幻景。人们对于城市的看法、对于城市真实的把握，在一种集体无意识的层面被自身价值取向所重构。《绘长沙·潮宗街》，就是千年古城长沙的一个城市历史切片样本。

曾有人说，用石头和建筑记录的历史，远比书面的文字要生动和鲜活。而千年古城长沙，历史上却因为多年动乱和1938年的文夕大火，而使城市记忆与历史产生断层，城市文化之殇一度成为星城人耿耿于怀的隐痛。然而长沙的城市记忆不仅仅是单纯的建筑外观、没有留存物态具象的具体符号，更是一个个细小而鲜活的市井生活场景，是不同个体的灵魂和命运交织而成的故事。

作为一本不同寻常的城市历史街区绘本，《绘长沙·潮宗街》凝聚了旧时老长沙的历史文化片段。潮宗街内部的老民居、街巷和其他历史建筑展现了细密的老城肌理及传统民居特色，在此涌现了一些有代表性的历史人物和闻名的历史事件，也沉淀着几代人的记忆与故事。但本书关注的不仅仅是历史的再现，而是揭示历史建筑在创造伊始背后的文化驱动力，关注它们在空间维度上和周围的都市环境保持怎样的关系，在时间维度上经历过哪些历时性的更迭和置换。在这个过程中，往日里不为我们所见的城市面貌，被以一种无声的方式依附于图像和故事，并传达给阅读者。

《绘长沙·潮宗街》发掘出了这座城市最容易被人忽视的时代缩影：从历史悠久的真耶稣教会教堂到已经成为历史遗址的相国庙；从因为自发建造而充满活力的潮宗里8号到几经置换而无人问津的民国旅社及戏台；从几代传承逐渐落没的裁缝铺到借助新媒体流量依然活跃的清泉食杂铺……其在拉近大众与历史街区在时间上的心理距离的同时，也弥补了大众在历史街区的空间上所遗失的历史记忆。这一举措一方面可以有效地缩减大众、政府对于传统街区价值的认知偏差，激发大众对传统街区文化的兴趣并增强其了解和保护意识。另一方面，记录街区中的生活方式和城市故事，可使传统街区自身的“文化魂”被逐渐塑形，以便更多学者进行后续的深入挖掘和探究。最终在此过程中，“老长沙”的印记也会越发清晰，“城市意象”也会越发地突出。

这在一定程度上解决了从传统建筑学角度来进行城市更新所带来的问题，即仅通过更新城市的物理空间，来改造城市的破败形象和外貌，却忽视了城市在人类学、社会学和文学上的演变和发展。当下随着互联网信息的迅速传播和新媒体的发展，建筑师和其他艺术家们也不断探索新形势下的城市更新手段和方法。《绘长沙·潮宗街》则有效地示范了新时代下城市更新所应关注的重点，其表达方式具有一定的探讨性，兼顾建筑学与其他学科（如传播学、文学、空间叙事学和考现学等）的融合。

《绘长沙·潮宗街》作为绘长沙系列建筑绘本的延续，其所采用的空间叙事手法和城市考现学是建筑学者当下关心的议题。虽然原住民的市井记忆和街巷事件在城市更新大拆大建的浪潮中逐渐被模糊淡化，但此绘本却记录了每一代人在此的生活痕迹以及街巷在漫长时间洪流中的更迭。它给当地的居民以及城市的外来者重构和再现了长沙市井文化和历史性的城市体验，形成了人人保有其独有阐述视角，却又拥有共同情感体验的城市意象。

魏春雨

湖南大学建筑学院教授 博士生导师

地方工作室主持建筑师

序二

随着社会与经济的不断发展，城市更新正成为中国城市发展的主要方式。习近平总书记指出，推进新型城镇化建设要更加注重环境宜居和历史文脉传承，更加注重提升人民群众获得感和幸福感。加强历史建筑保护利用，留住城市特有的地域环境、文化特色、建筑风格等文化“基因”，对于促进城市建设发展，提高人民生活水平，具有重要意义。

为了指导长沙市潮宗街历史文化街区的保护与发展，促进历史街区的城市建设与社会文化协调发展，改善居民的生活环境，保持街区的社会经济活力，长沙市编制了潮宗街历史文化街区保护规划。同时为了让市民了解潮宗街的代谢与发展，看到历史街区的变迁，从而切身实际地体会到历史街区的魅力。在长沙市自然资源和规划局的支持下，《绘长沙 · 潮宗街》绘本得以最终呈现。

根据《长沙市潮宗街历史文化街区保护规划》《长沙市历史文化名城保护规划》以及其他相关规划，绘本以“雅俗共赏”“寓教于乐”的方式来解读潮宗街历史街区，趣味性地将一个历史街区的历史文化与现代都市生活融合，并展现给市民、展现给世界，让人们真正读懂历史街区的过去、现在与未来，从而加深对潮宗街乃至长沙这座城市的了解，提高自豪感和主人翁意识，最终积极投身到建设美好家园上来。

在内容上，绘本反映出潮宗街的清末民初的街巷格局、民国时期的公馆和传统民居风貌、长沙老城市井的生活气息，充分体现街区的历史价值和文化特色；改善街区人居环境，完善历史文化街区城市功能；塑造有活力、有特色、人性化的街道空间。在形式上，以出版物的形式面向市民大众，整体上作品既有高度、有深度、有意义又接地气，通俗易懂且内涵丰富。最终绘本呈现出潮宗街历史街区的总体面貌，对主要的历史保护单位所处在历史街区中的位置有明确的标识；反映出潮宗街历史街区保护规划的范围、原则、目标以及功能定位等要素，生动再现了潮宗街历史街区保护规划中涉及的物质空间保护对象与非物质文化保护对象。同时，在延续和保留其历史文化街区价值的前提下，融入现代的文化创意元素和全新生活方式，实现了“腾笼换鸟”。如今长沙城市建设也由“粗放式建设”的模式逐步转为注重品质提升的城市更新模式，通过再现历史建筑的绘本形式，加强市民对于旧城的空间环境品质和发展内涵的意识，使其更加关注历史传承、特色空间塑造、空间组织关系、公众参与、社会治理、社区活力等几个方面的发展。这并不仅是政府的事，而是需要大众参与的一项重要工作，无论是建筑师、艺术家还是时尚巨头都逐步把未来的发展眼光聚焦到了历史建筑的更新与活化的工作上来。旧城的更新不再是简单的保护与利用，而是需要转换“角色”，通过自身的改造活化与再生，创造出新的风采面貌。

《绘长沙 · 潮宗街》绘本可以看作为设计师、城市管理者和居民相互沟通的一次有益尝试，通过将历史素材、现实生活以叙述故事的形式植入每一个文化遗产、老字号、现代商铺以及民居建筑，激活整个社区地区乃至整座城市的经济与文化繁荣，促成社会文化价值和经济价值相互契合，走出一条具有长沙特色的创新协调发展之路。

冯意刚
长沙市自然资源与规划局局长

湖宋街教堂

序三

潮宗街在我的印象中是以生活居住、文化传承、都市休闲和抗战纪念为主要功能，集中体现长沙民国时期传统人文风貌的历史文化街区。

潮宗街历史街区作为拥有湖南第一所近代新式学校明德学堂，自古就是湖湘思想前沿：毛泽东、何叔衡在这里办起“长沙文化书社”，觉醒之声，振聋发聩。如何让有机更新后的潮宗街历史文化街区更新，文化上更有活力与魅力？营造好湖湘文化的创意高地，激活好不可移动文物、省级文物保护单位、市级文物保护单位，结合好五一文化商圈优势，利用好相关配套设施，是未来潮宗街更“潮”的关键因素。同时，潮宗街的发展也离不开创意设计的传播方式，需要深入挖掘出潮宗街的“前世今生”，故事有了，创作方式一定要具有专业深度，手法一定要国际化，可以对标国际一线的呈现方式；同时要有一定的大众参与度，用新的创意手法来连接普罗大众，积极抢抓新时代红色旅游发展新机遇，挖掘红色文化旅游资源，衍生出创新产品，推动潮宗街的文旅场景营造，以大平台、大节会为契机，宣传长沙历史街区文脉的形象。

城市的发展需要多元化的模式来呈现，记录好城市的变迁并传播给普罗大众非常重要。记得 2018 年长沙市自然资源与规划局组织编制的《长沙市潮宗街历史文化街区城市绘本》出炉引起很多人的关注，这种用建筑图纸加创意图像的方式来表现城市街区风貌非常的有创意，没想到这个团队继续延续下来，出版了《绘长沙 · 潮宗街》第二本《绘长沙》系列城市绘本，它的创作是“快乐长沙”“创意长沙”“趣味长沙”三种呈现方式的融合，非常符合长沙媒体艺术之都的城市发展方向，当前我们的城市刚刚经历了新冠疫情的考验，如何重塑长沙的历史文化魅力，提供给市民和游客更多的“美好风景”和“美好生活”，这就需要创意设计工作者们去不断挖掘城市的“自然资源”“城市风貌”“城市历史”“民俗风情”等各种要素，结合好长沙的红色、绿色、古色、彩色的融合与对接，不断增强与长沙的红色旅游的吸引力。

绘本的创作方式也要为大家讲好湖湘文化和名人事迹，弘扬爱国主义精神，为广大市民与游客借此机会重温历史，感悟初心，用这种特别的创作方式，迎接建党一百周年。

唐曙光

中共长沙市委宣传部副部长

THE CHURCH OF THE TRUE JESUS
真耶稣教会教堂
JIU RU LI MANSION
九如里公馆群
CHAO ZONG LI No. 8
潮宗里8号
GRANDMA LIU'S HOUSE
刘娭毑的家
THE SITE OF THE ANCIENT CITY WALL
古城墙原址

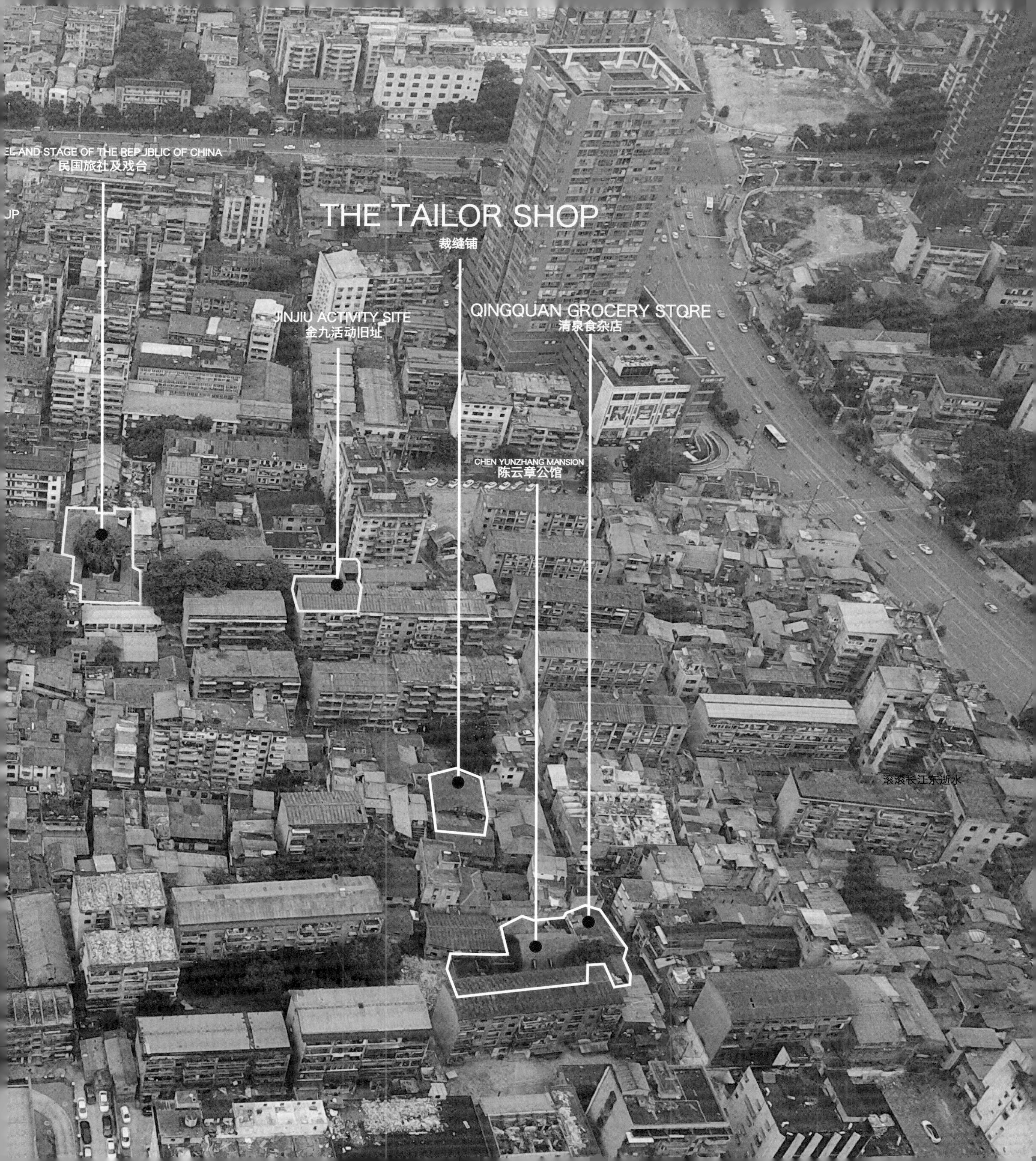
EL AND STAGE OF THE REP JBLIC OF CHINA
民国旅社及戏台
THE TAILOR SHOP
裁缝铺
JINJIU ACTIVITY SITE
金九活动旧址
QINGQUAN GROCERY STORE
清泉食杂店
CHEN YUNZHANG MANSION
陈云章公馆
滚滚长江东逝水

① 潮宗门遗址
② 朝宗亭
③ 真耶稣教会教堂
④ 文化书社故址
⑤ 潮宗里 8 号
⑥ 梓园巷
⑦ 民国旅社及戏台
⑧ 瞿鸿禨故居
⑨ 长沙仓储业遗址
⑩ 金九活动旧址
⑪ 相国庙遗址
⑫ 九如里公馆群
⑬ 刘嫔驰的家
⑭ 裁缝铺
⑮ 陈云章公馆
⑯ 清泉食杂店

The Image of Changsha City
Chaozong Historic Street

绘长沙
潮宗街

好好学习
天天向上
专业维修手机

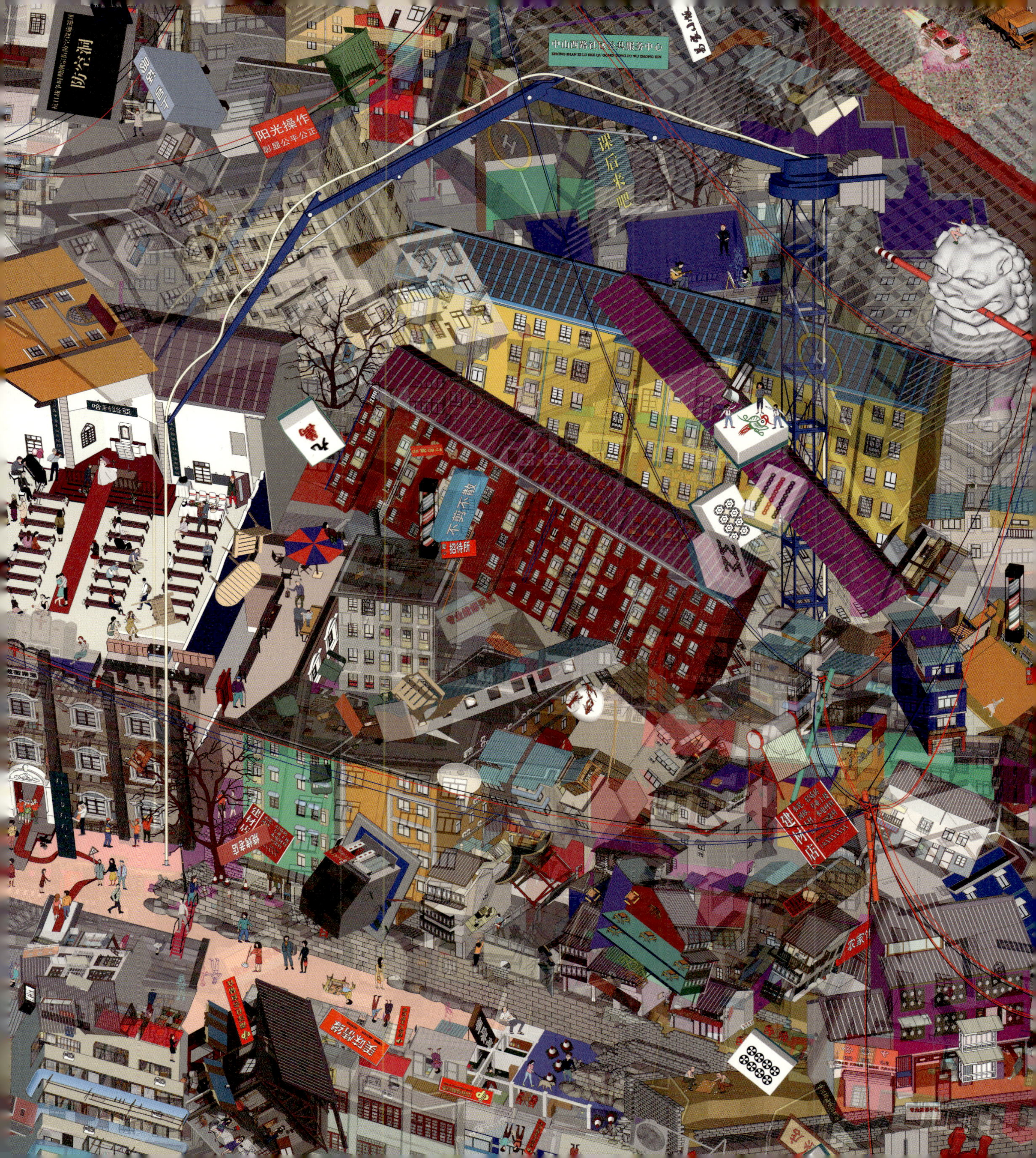
防空洞
阳光操作
课后来吧
不剪不散
招待所

潮宗街教堂

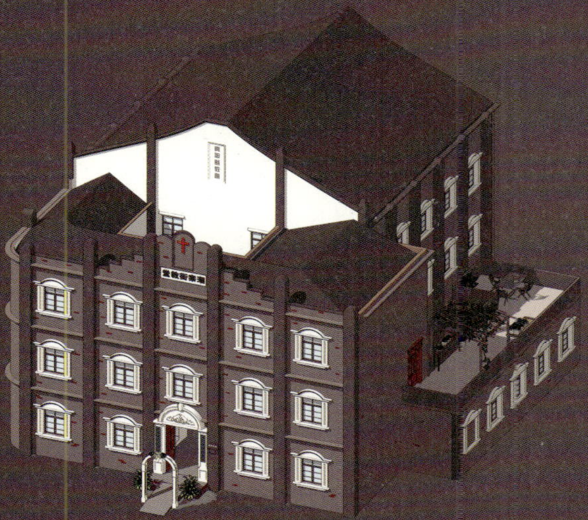

潮宗街教堂

城市更新、棚改、旧改，对街区的原住民来说，都是一次次的机遇。补偿或者说是救助，使他们能拥有新的居住空间和更好的生活品质，然而这些帮助在城市化快速发展的今天可能只是杯水车薪。
咖啡
4F 早上补习班
一旦签约率不达标，街区居民的期待落空，都会感到失望。
群众利益至高无上 征收责任重于泰山

快意茶楼
津市牛肉面
春秋饭店
便利
财经传媒《新世纪》周刊 2011年第 42期以“失控的棚改”为题，表达了对运动化“棚改”的警惕，举出了东北地区的一些失败案例。

旧时的长沙古城，麻石路是一大特色。
如果仔细观察，可以发现现在潮宗街上的麻石明显有新旧之别。说起来这其中还有一则趣事：当年柳肃教授主持修复麻石路，还有30米修完时老麻石不够了，整个长沙都找不出老麻石，一问才知道，深圳把长沙麻石街拆下来的麻石都给买走了，最后只好用新麻石补啦。
朝宗亭位于潮宗街中部，古色古香，飞檐翘角，人们都认为它始建于民国。

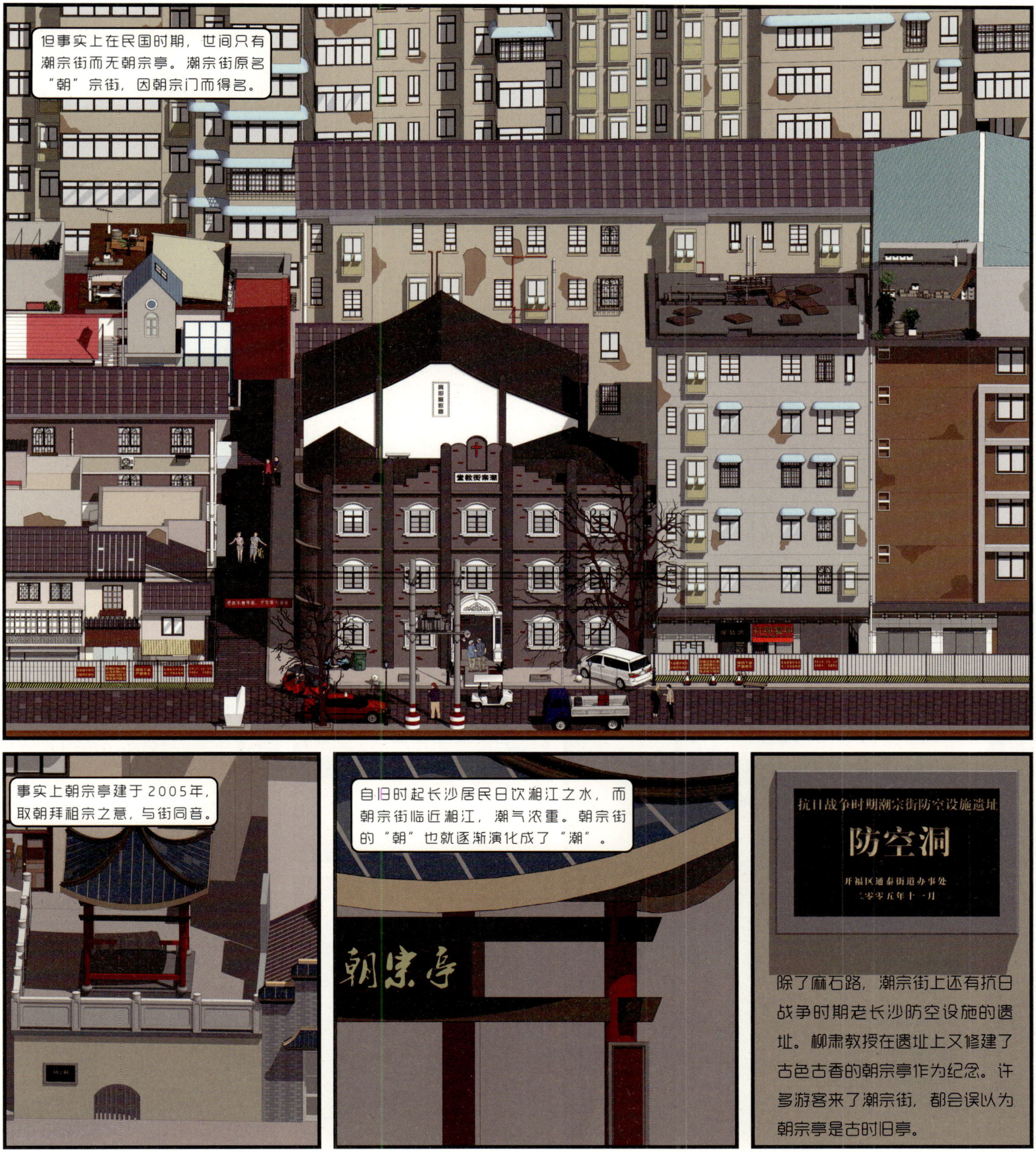
但事实上在民国时期，世间只有潮宗街而无朝宗亭。潮宗街原名“朝”宗街，因朝宗门而得名。
事实上朝宗亭建于2005年，取朝拜祖宗之意，与街同音。
自旧时起长沙居民日饮湘江之水，而朝宗街临近湘江，潮气浓重。朝宗街的“朝”也就逐渐演化成了“潮”。
朝宗亭
抗日战争时期潮宗街防空设施遗址
防空洞
开福区通泰街道办事处
二零零五年十一月
除了麻石路，潮宗街上还有抗日战争时期老长沙防空设施的遗址。柳肃教授在遗址上又修建了古色古香的朝宗亭作为纪念。许多游客来了潮宗街，都会误以为朝宗亭是古时旧亭。

新的一天开始了，有的人元气满满，有的人丧气十足，被梦想唤醒和被闹钟唤醒似乎没有什么不同，但对于小美来说这注定是不平凡的一天。
买哪个号才能中个 500万……到时候我就可以买房买车走上人生巅峰了！
中国福利彩票
CHINA WELFARE LOTTERY
彩绘人生好运来
福泽社会真情在
老板，搞一碗粉！
妖姐家工地送 200 袋砂子，要快点！
在这里买个小户型做工作室？哎呦，不错哦？

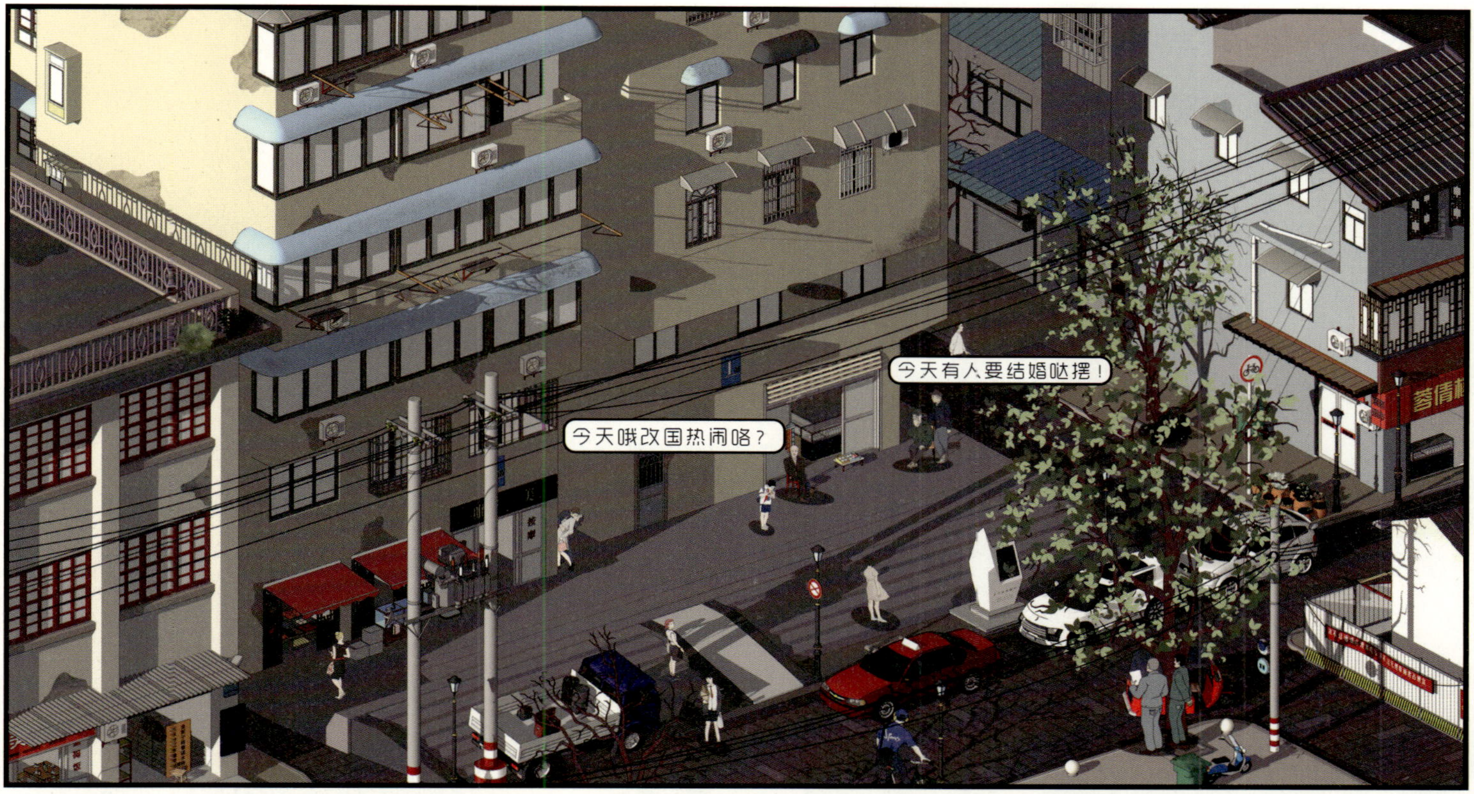

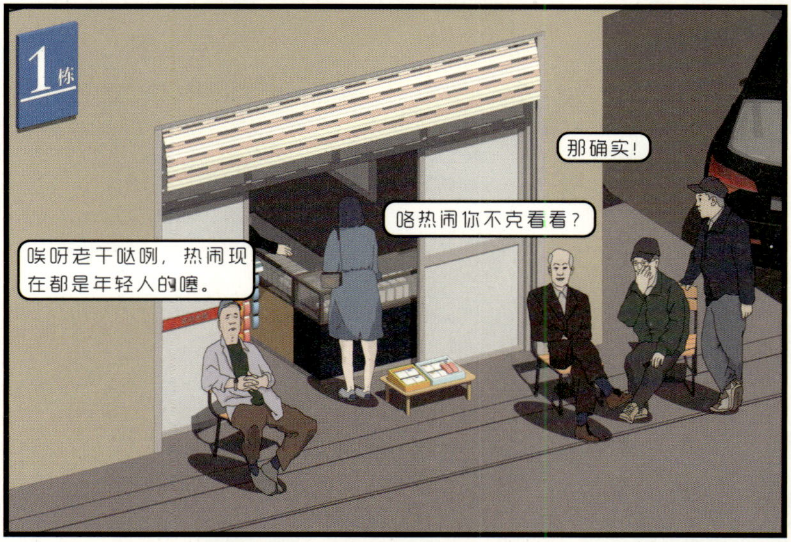

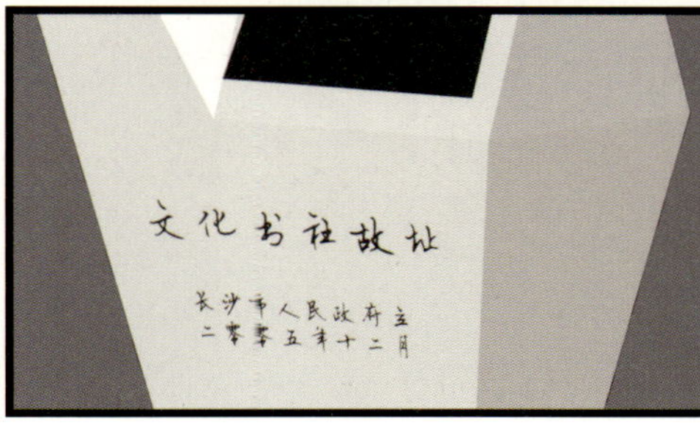

文化书社是20世纪初以传播新文化为宗旨的组织，成立于1920年8月，易礼容任经理，毛泽东任特别交涉员。书社曾与省外七十多个单位发生书报营业往来，并在平江、浏阳、宝庆、衡阳、宁乡、武冈、溆浦等七县设立分社。1921年至1923年曾作为中共湖南党组织联络活动场所。1927年5月在“马日事变”中，书社被捣毁，房屋毁于1938年文夕大火。有《文化书社社务报告》等文物遗存。

文化书社不远处就是潮宗街教堂，又称真耶稣教会教堂。这座教堂是长沙唯一一处真耶稣教会教堂。真耶稣会长沙分会成立于1919年，1924年购潮宗街今址建教堂。教堂为三层砖木结构，青砖清水外墙，两坡屋顶。许多像小美这样的年轻人会选择来到这里举行婚礼。

今天就是这样一个不错的日子。
真耶稣教會
潮宗街教堂
废品店
行所当行行真道
基督教堂
真耶稣教會
潮宗街教堂

有钱人结婚真文艺。
这个结婚排场好像拍电视剧。

新娘的婚戒还在我这，但愿能送到！

我屋里弟弟不容易，筹哆首付结婚了。
新娘，你是否愿意这个男子成为你的丈夫，与他缔结婚约？无论疾病还是健康，或任何其他理由，都爱他，照顾他，尊重他，接纳他，永远对他忠贞不渝，直至生命尽头？
我愿意！
三十而已的姐姐终于嫁出去了！
哥哥压力越来越大！
我愿意……
♫星光璀璨的城市啊，你只为我闪耀吗？

在婚约即将缔成时，我必须询问现场的各位……
二位新人，房子车子都买好了吧！
房子是学区不，车子是BBA吧？
那么，接下来……
哈利路亞
灵恩先中土丰盈普照亿兆
活水出锡安澎湃分流东西
我们的新人交换戒指！

哈利路亞
灵恩先中土丰盈普照
老姐，婚戒到了！

真耶穌教會
里面的人好慢啊，什么时候才轮到我们呢？

哈利路亞
活水出锡安澎湃分流东西

来，上绿幕，方便后期抠图！
马老师来了，让一让，让一让！
替身！叫我的替身上吧！
1、2、3、4、5、6、7……
Action!
Cut! Cut! 会不会演戏啊你！
行了行了，这条过了就杀青了！
所有演员集合，我们拍个大合照！拍完我们上微博搞个热搜，顺便卖一波情怀！大家都会了吗？

联合毕设这次不知道选不选潮宗街!
不知道，未来是不是有像崇德里那样的民宿。

莊　　媛

曾经这里被网络定义为浪漫优雅法式风的约会圣地，建筑内部的颜色也非常轻快，多是以天蓝色或浅黄色为主调。

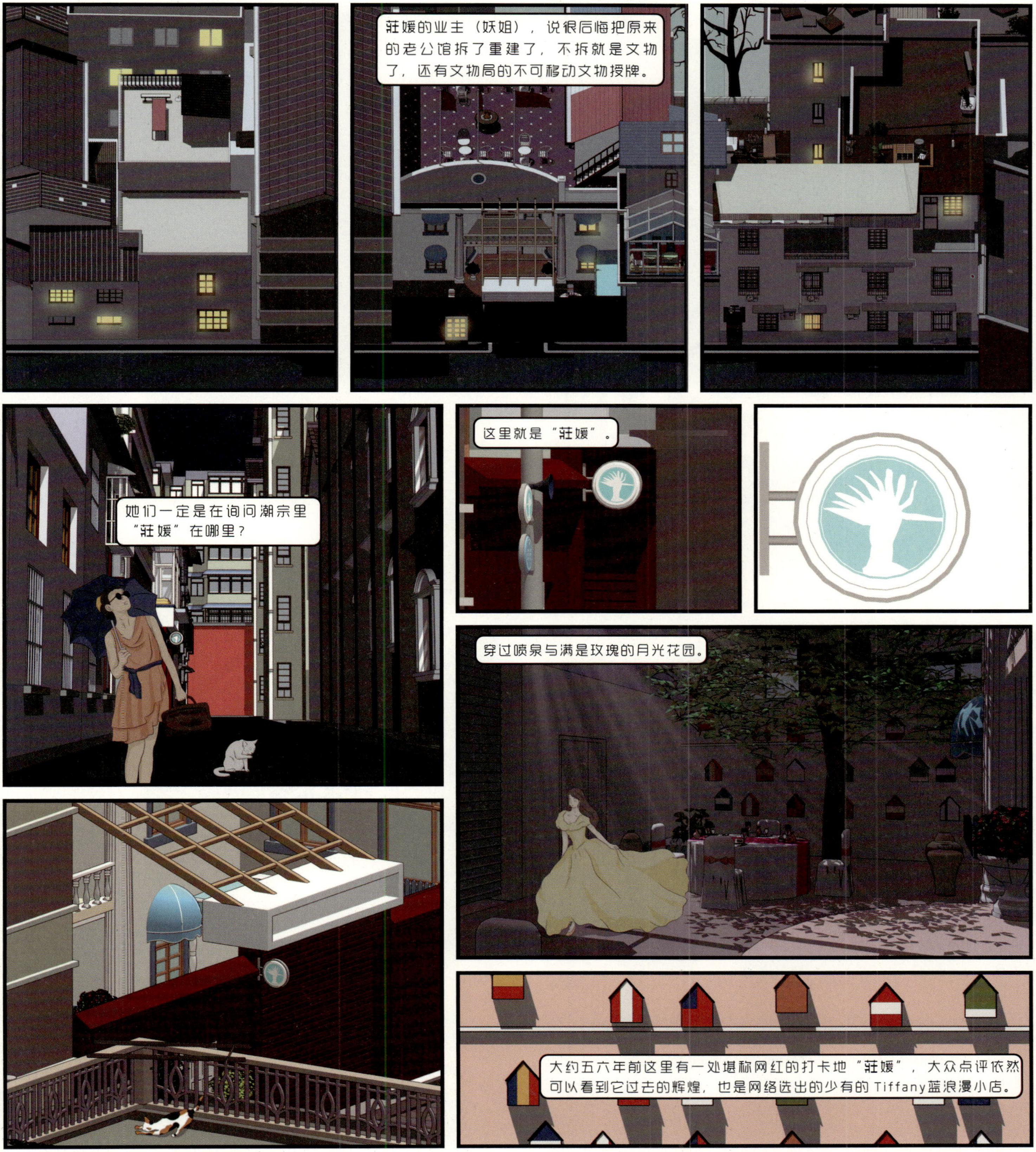
莊媛的业主（妖姐），说很后悔把原来的老公馆拆了重建了，不拆就是文物了，还有文物局的不可移动文物授牌。
她们一定是在询问潮宗里“莊媛”在哪里？
这里就是“莊媛”。
穿过喷泉与满是玫瑰的月光花园。
大约五六年前这里有一处堪称网红的打卡地“莊媛”，大众点评依然可以看到它过去的辉煌，也是网络选出的少有的Tiffany蓝浪漫小店。

扑面而来的欧式气息，惊呼阵阵的景致映入眼帘，此刻的莊媛，沉浸在“香槟之夜”当中。

爱情就像莊媛的斯里兰卡精选红茶。

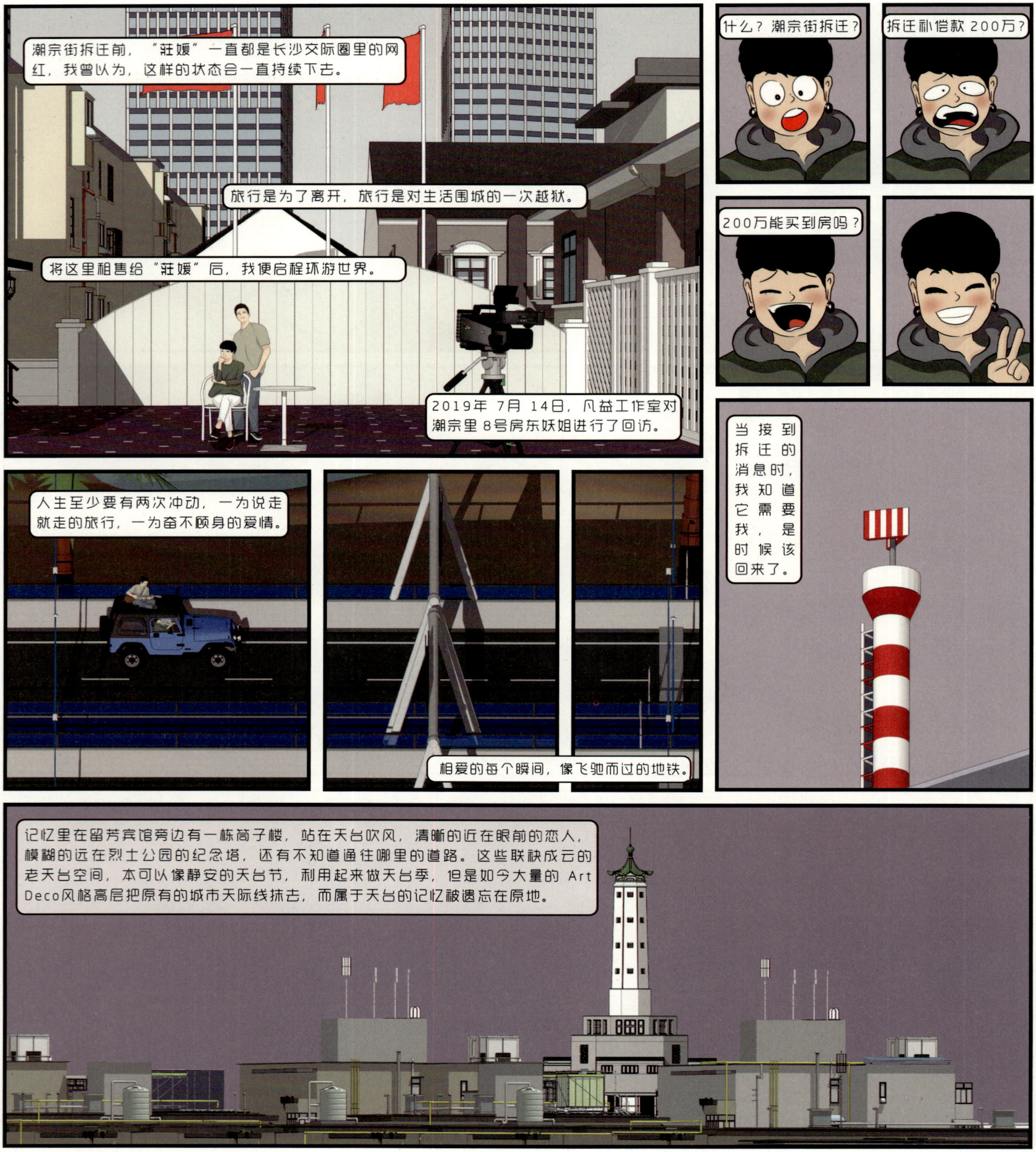
潮宗街拆迁前，“莊媛”一直都是长沙交际圈里的网红，我曾以为，这样的状态会一直持续下去。
旅行是为了离开，旅行是对生活围城的一次越狱。
将这里租售给“莊媛”后，我便启程环游世界。
2019年 7月 14日，凡益工作室对潮宗里 8号房东妖姐进行了回访。
什么？潮宗街拆迁？
拆迁补偿款 200万？
200万能买到房吗？
当接到拆迁的消息时，我知道它需要我，是时候该回来了。
人生至少要有两次冲动，一为说走就走的旅行，一为奋不顾身的爱情。
相爱的每个瞬间，像飞驰而过的地铁。
记忆里在留芳宾馆旁边有一栋筒子楼，站在天台吹风，清晰的近在眼前的恋人，模糊的远在烈士公园的纪念塔，还有不知道通往哪里的道路。这些联袂成云的老天台空间，本可以像静安的天台节，利用起来做天台季，但是如今大量的 Art Deco风格高层把原有的城市天际线抹去，而属于天台的记忆被遗忘在原地。

Art Deco（装饰艺术），起源于1925 年的巴黎。
它介于新古典主义和现代主义之间，既摩登时尚又不至于太过激进，是古典对称和现代简约的完美结合体。
Art Deco风格的建筑在当今中国的商业地产领域颇为流行。
专家 B：“苒城的 Art Deco 风格的建筑在如今看来并不是一件好事，从城市的多样性来说，它可以算得上是‘外来入侵’，割裂了属于当地特有建筑的文化传承，千篇一律的样式也使得我们的城市变得越来越单一化，失去了城市的灵魂。”

每个人都会坚持自己的信念，在别人来看是浪费时间，我却觉得很重要。当拆迁的队伍涌入，当道别的声音逐渐止息，当石头发黑土墙斑驳，当我以为，我就快失去这一切的时候，传来了房子被保住了的消息。
决不让通情达理者吃亏 决
听你的描述感觉很美好。
2015年 11月央视新闻报道“长沙被棚改的公务员小区”，引起了大众关注。刘泰来老人的话让人记忆犹新。
以前这条街不是这个样子的。
捷报
潮宗街项目签约
突破一千户
挡下面
禁停车
权衡征收利弊
认清政策归心
积极配合政府
推进城市建设

无理取闹者占便宜
让一让，小心高空坠物！
经历了这一切，我想，不如从头来过吧。我们还有时间，我们可以去学，我们会亲手对这里进行彻头彻尾的改造。
目签约
千户
围挡下面
严禁停车
大智慧早签
小聪明失良机
注意施工安全！
围挡下面
严禁停车

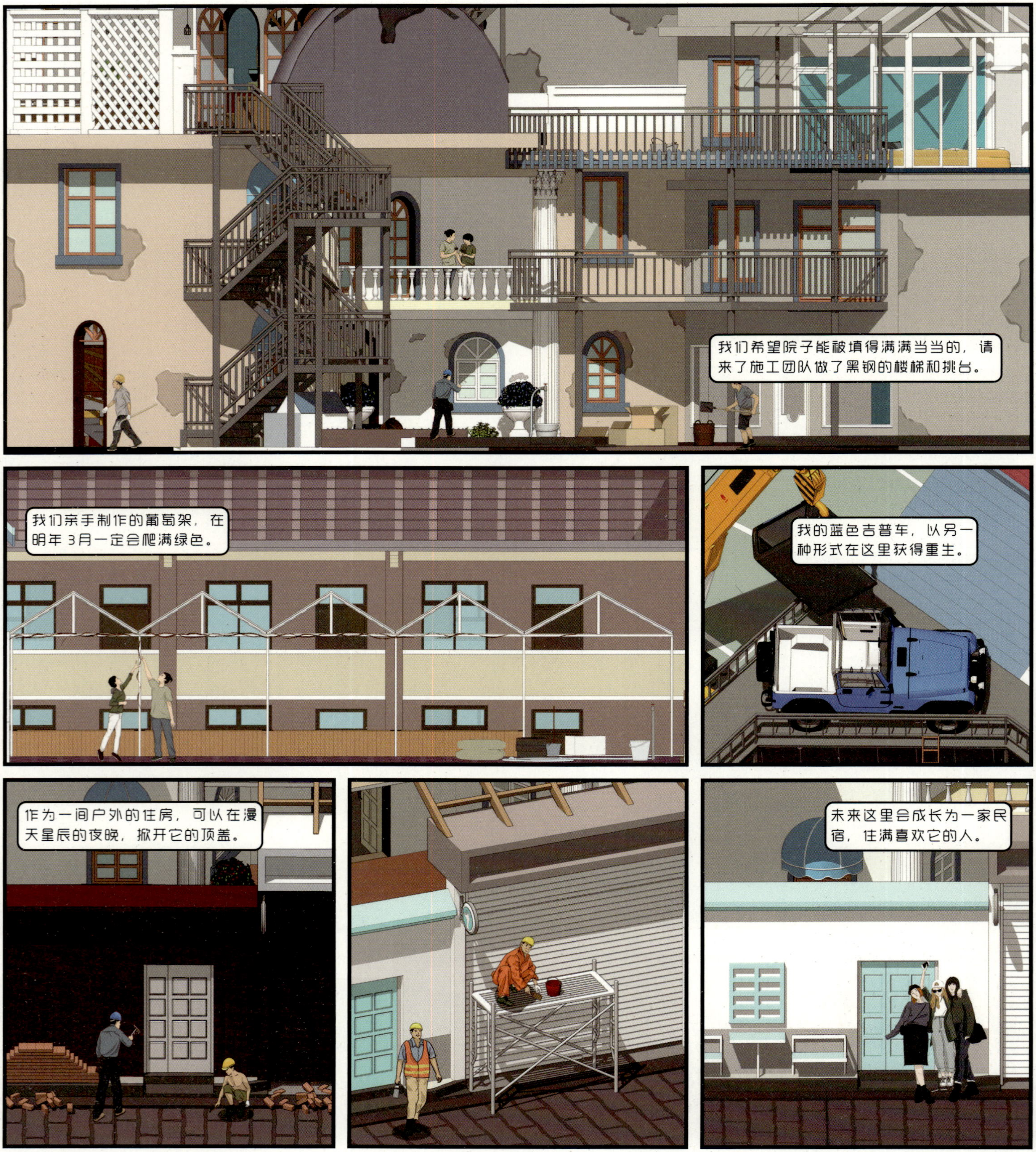
我们希望院子能被填得满满当当的，请来了施工团队做了黑钢的楼梯和挑台。
我们亲手制作的葡萄架，在明年3月一定会爬满绿色。
我的蓝色吉普车，以另一种形式在这里获得重生。
作为一间户外的住房，可以在漫天星辰的夜晚，掀开它的顶盖。
未来这里会成长为一家民宿，住满喜欢它的人。

我们对它的期待很简单，永远改造，从零出发。
这个老房子找防水也太难了吧！
这个楼梯这样加建，消防不知道能不能过哦？
潮宗里 8 号，一如这代谢中的城市，当葡萄藤的嫩芽漫出墙外，你会知道它从未离开。

梓 园 巷

梓 园 巷

盛夏的潮宗街上蝉鸣阵阵，炽烈的阳光从碧绿的叶子间流泻下来，映照在古老的麻石路上，闪闪发光。
梓园巷的入口很偏僻，走过潮宗街教堂，伴着唱诗班孩子们的清亮歌声，下一个路口就是。
梓园巷藏身于市井之中，白日里热闹非凡，与街坊邻里的闲谈还有爆香呛辣的油烟味儿交织在一起，成了一首快活的歌谣；到了夜里，却又与那破损的牌坊和婆娑的树影为伴，低吟着漫长而安寂的诗篇。
酒店客房

市井的声色气味掩去了前世的繁华光景，刻着厂名的清水砖、门梁檐口处的精致线角，和暗藏故事的街道路牌、在不经意间闯入视线，絮语着曾经。

如今的梓园巷口虽然正处于有机更新的过程中，有些店铺也已关门，但街上却没见冷清，人们往来穿梭于街巷之中，一副百废待兴的模样。

槟榔小屋
烟酒
超市
蓉倩槟榔铺

随着有机更新的推进，有些老居民陆陆续续搬走了，但还有不少人舍不得离开这里，舍不得这里的人和事，也舍不得这里的便利和热闹。

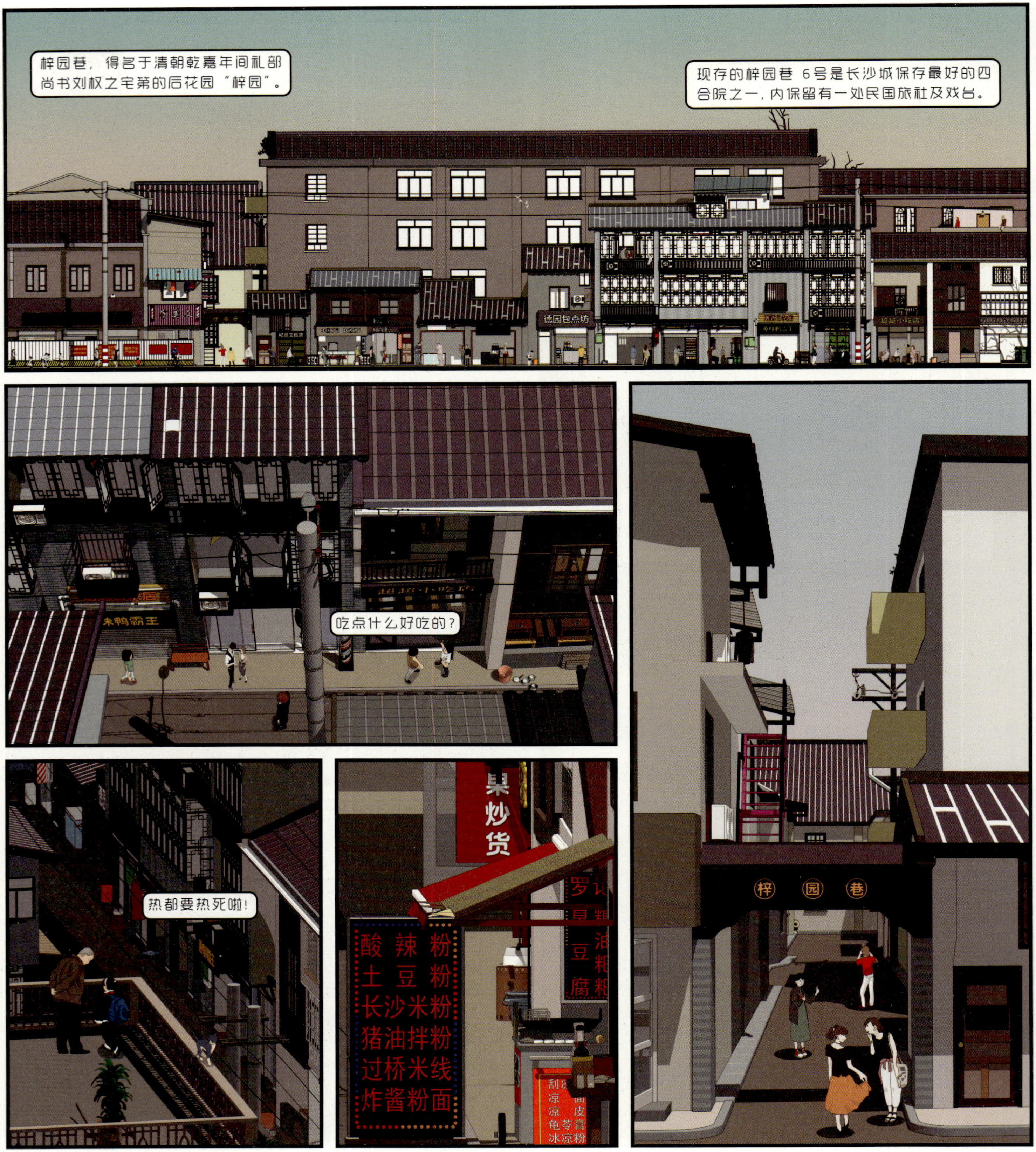
梓园巷，得名于清朝乾嘉年间礼部尚书刘权之宅第的后花园“梓园”。
现存的梓园巷 6号是长沙城保存最好的四合院之一，内保留有一处民国旅社及戏台。
德园包点坊
吃点什么好吃的？
热都要热死啦！
酸辣粉
土豆粉
长沙米粉
猪油拌粉
过桥米线
炸酱粉面
梓 园 巷

大约房
虞美人
征收利弊
政策归心
配合政府
城市建设
围挡下面
严禁停车
捷报
潮宗街项目签约
突破一千户
捷报
潮宗街项目签约
突破一千户
沿着梓园巷向里走，一块淡绿色的操场透过金属门出现在眼前，潮宗街小学被包裹在层层叠叠的建筑之中。
早晨、中午和傍晚，是潮宗街小学的孩子们占领这片街巷的重要时间点。尤其是傍晚时分，放学归去的小学生成群结队，笑声伴随着歌声飘荡在梓园巷的深处……
德园包点坊

潮宗街小学，课间休息。

长沙市委、市政府高度重视“儿童友好型城市”建设，于2015年在国内率先提出创建“儿童友好型城市”的目标。
好期待去春游。
我妈给我报了外语班。
2015年，湖南大学建筑学院沈瑶老师成立了国内首个“儿童友好城市研究室”，带领团队陆续以长沙市丰泉古井社区、八字墙社区等为基地进行研究。
湘荣街小学
周末干嘛？老妈给我报了奥数班。
唉，现在“内卷”从小学就开始了……
好好学习 天天向上
不做“后浪”，难道要做未来“打工人”？

加快儿童友好型城市创建，让儿童充分融入城市建设与发展、充分享受城市便利与安全、充分感受城市幸福与温情，是我们的共同期待。
回家看《小猪佩奇》了！
《冰雪奇缘3》要出啦！
二甲班
科比走了，乔丹还在，下一个神话还没诞生！

诶，今天数学作业是什么来着？
课本第67页3、5、7、8题。
二乙班
放学我们去吃炸的吧，我请客！
不行我妈妈今天要来
接我去上舞蹈课！
我爸昨天偷偷给我零花钱了，
我买了新皮肤，给你也买一个！
这道题应该这么解，我天才吧！
喂你看我同桌，长得像不像哪吒？
一乙班
一甲班
看我天外飞脚！
同学我劝你善良！

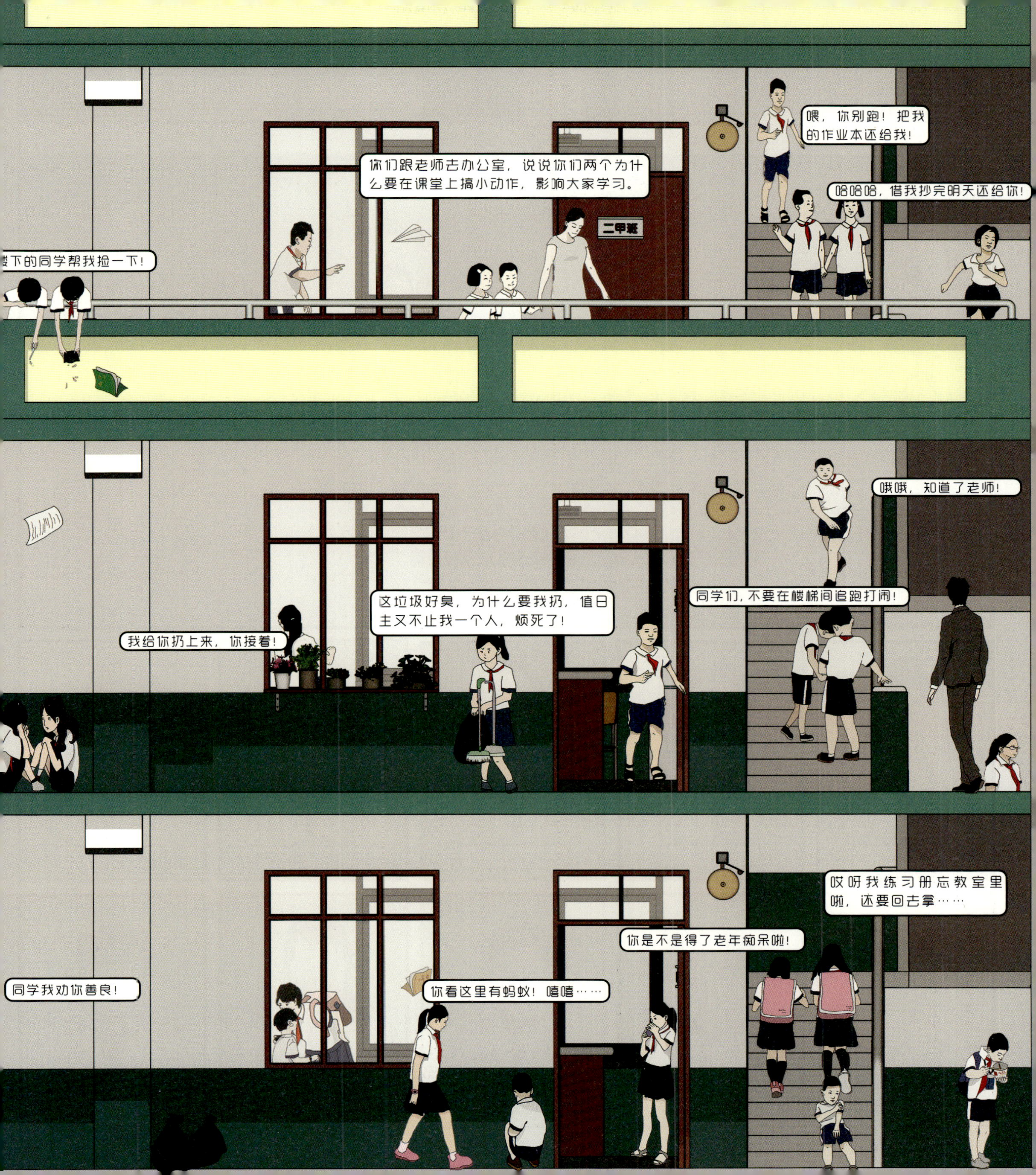

喂，你别跑！把我的作业本还给我！
哈哈哈，借我抄完明天还给你！
你们跟老师去办公室，说说你们两个为什么要在课堂上搞小动作，影响大家学习。
二甲班
楼下的同学帮我捡一下！
哦哦，知道了老师！
同学们，不要在楼梯间追跑打闹！
这垃圾好臭，为什么要我扔，值日生又不止我一个人，烦死了！
我给你扔上来，你接着！
哎呀我练习册忘教室里啦，还要回去拿……
你是不是得了老年痴呆啦！
你看这里有蚂蚁！嘻嘻……
同学我劝你善良！

轻闭双眼，身体坐正，双腿自然放松，
放松肩部，放松面部肌肉，深呼吸……
新版 6节
按揉攒竹穴……
按压睛明穴……
按揉四白穴……
按揉太阳穴刮上眼眶
按揉风池穴……
揉捏耳垂，脚趾抓地
旧版 4节
揉天应穴……
挤按睛明穴……
按揉四白穴……
按太阳穴，轮刮眼眶

好好学
变形超级无敌霹雳宇宙飞机！咻咻！
我们家养了一只恐龙，超级厉害的，还会喷火！
你已触犯银河正义法中不可饶恕之罪，我宣布剥夺你的一切权利并没收你的游戏机！
我要告诉老师去，我再也不跟你玩了！
我也要告诉老师去，我要跟你绝交！
好好学习
天天向上

梓园巷6号，民国旅社戏台
上世纪30年代，梓园巷6号还是肖家公馆。
抗战后，肖家举家迁往美国，房子里一下子住进去许多人，戏台也用红砖封闭，变成了居民住宅，从此再无人唱戏。
长·开不可移动文物0006
民国旅社戏楼
开福区人民政府
二〇〇四年一月六日
只可惜世事变迁，沧海桑田，如今的民国旅社戏台已经是曲终人散、人去楼空，不知道如果哪一天此处重新开张，又能否再现往日那般人声鼎沸精彩纷呈的盛况呢？

如今这里虽然门扉紧闭，无人问津，但一砖一瓦、一椅一木，仍在讲述着当初的热闹与繁盛……

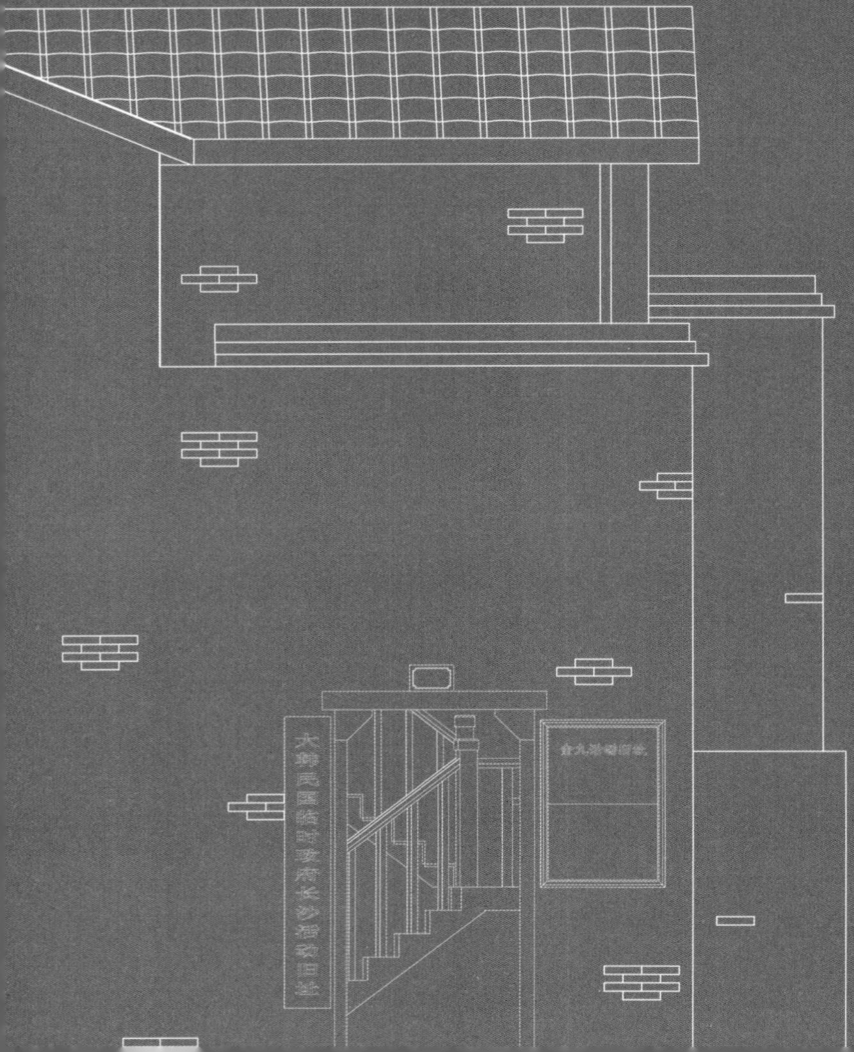
大韩民国临时政府长沙活动旧址

金九活动旧址

2005年以前没有人知道金九故居在哪。
在这里生活的人们，来了又走。
前面是群胜里 16号？
或许没有人在意过沿楠木厅巷
支路走进去的那座老房子。
这样过去了一天又一天。

后来不断有韩国人前来朝圣。
他们听说这里曾是韩国临时政府所在地。
他们的国父金九也曾居住于此。
可是金九故居在哪？
金九？不知道，这边有个会计学院遗址你去看看？
就是前面那个红屋顶的，楠木厅6号，也是个历史景点吧。
楠木厅6号
大韩民国临时政府（长沙）活动旧址
녹목 청 6 호
대한 민 국 임시 정부 (창 사) 활동구지
一切能证明那段历史存在过的证据在哪？
没有人知道。

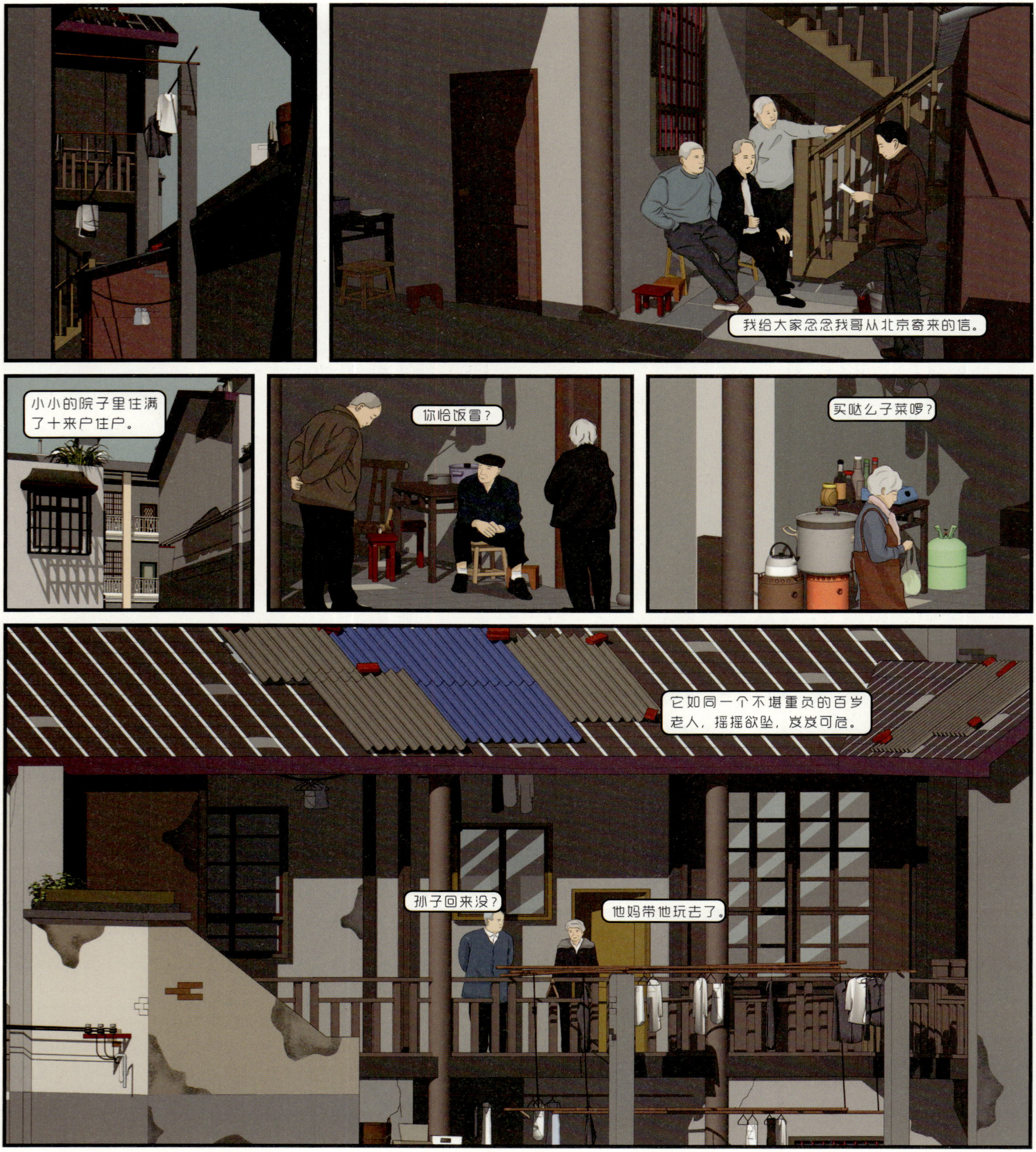
我给大家念念我哥从北京寄来的信。
小小的院子里住满了十来户住户。
你恰饭冒？
买哒么子菜啰？
它如同一个不堪重负的百岁老人，摇摇欲坠，岌岌可危。
孙子回来没？
他妈带他玩去了。

下午是出去打麻将还是去下象棋咧？
刘姨今天要送菜来！
今天又找不到事做，哦得了喽！
快点搞饭哈！等下又搞得播急火急！
也不知道儿子在外面打工过得怎么样……

2009年，由湖南大学柳肃教授带领的古建团队开始对金九活动旧址进行修复。

金九活动旧址恢复了民国时期的风貌，并增置了展示陈列厅，供来访者参观纪念。

大韩民国临时政府（长沙）活动旧址
长沙市文物保护单位
金九活动旧址
长沙市人民政府
二零零七年七月十日公布
长沙市开福区人民政府
二零零七年十月九日立
金九活动旧址位于长沙市开福区连升街楠木厅6号，三层木制结构民居、小青瓦屋面。原有房屋18间，现存13间。
金九（1876—1949）号白凡，又名金昌洙、金龟，韩国著名民族独立运动领导人，韩国临时政府主席。1937—1938年，金九在长沙从事抗日和国家独立运动，此处为其重要活动地之一。1938年10月，金九离开长沙转至重庆。
保护范围：四向各自建筑外墙至10米处。
建设控制地带：四向各自保护范围外40米处。
1919年金九随大批抗日救亡的韩国爱国人士来到中国，在中国生活了26年。
金九先生是韩国的开国元勋，被誉为“韩国国父”。
1937年抗日战争爆发，大韩民国临时政府西迁，金九随之来到长沙。
同时也是金九先生的住所。
楠木厅6号成为朝鲜革命党本部和韩国光复战线三党合一会场驻所。

韩国临时政府的活动得到了当时湖南省政府的热情帮助和无私支持。
1938年 5月，这里发生了震惊中外的枪杀案。
在韩国国民党、朝鲜革命党、韩国独立党三党代表讨论三党统一问题时，一名奸细持枪闯入会场射击，包括金九在内的与会者一死三伤。
当时的湖南省政府高度重视，迅速将凶手抓捕归案，同时送金九到湘雅医院治疗。
楠木厅 6号就是中韩友谊的见证。

正如很多人不知道金九公馆在哪里一样，很少有人知道这里曾经还有一个相国庙。

刘权之为清乾隆、嘉庆年间重臣，官至礼部尚书、协办大学士，加太子少保衔，人称“相国”。这便是相国庙的由来。

相国庙遗迹位于今群胜里12号，坐落在连升街至梓园之间的一个小型院落内。
据今户主回忆，他在20世纪50年代初期购得此房时，房屋外形是一座庙宇。清同治《长沙县志》省城图上，连升街至潮宗街处绘有“相国庙”标志，与今群胜里12号的地点相吻合。如今庙早已改建为民居，惟坡屋顶、屋檐、西面青砖封火墙还保持着原貌，虽已陈旧，仍显示出“相国”的气派。

建筑是真实的、看得见的历史：
文字可以被改写，建筑不可以。
城市里的老建筑，就像家里的老
照片，不断唤醒你对过去的记忆。
三维扫描的点云数据你懂吗？
老建筑不在了，记忆也就丢了。
嗯，记得看看金九自传《白凡逸志》。
常常有人问我为什么要做古
建筑保护，我想这是答案。

裁 缝 铺

最近街上怎么这么热闹啊？
听说是街口那个清泉最近在网上火了，抖音上播放都有一百多万了，好多年轻人过来打卡咧！
这里还有个裁缝铺？
连升街4号裁缝铺，是谭裁缝的家，据说从1946年起她的祖辈就在此定居了。
现在的年轻人有买不完的衣服穿，可能很少会来裁缝铺了。
裁缝铺过去就有了，就是代人缝衣服的铺子，也叫成衣铺。
办证刻章
洗烫
换绞
拉裤
链边
巷内
长沙市不可移动文物点
长沙市文物局制
二〇二〇年十二月

谭裁缝！
当然可以啦，你放我这儿，马上给你弄好。
你帮我看看这件衣服，能补好嘛？
那就麻烦你啦。
这有什么麻烦的，一会就能补好。
我们这房子又不在拆迁范围内，施工搞完了不就没事了。
说起来，你们家这个房子历史也有蛮久了嘞。现在外面在搞拆迁，你怎么不考虑搬出去呢？
那住在这边还是不方便吧。
没事，这么多年已经习惯了，住在这亲切些。

裁缝铺是一栋普通民居的样本，它承载
着一代代人的记忆，见证了家的模样。

裁缝铺的顾客都是周边的街坊邻居，但由于有机更新，附近的老街坊从原来的一千多户减少到了不足百户。
再说了，这是我公公他们那辈人白手起家建起来的祖屋，怎么能说走就走哦。
哎，刘娭毑，好久没看见你了，又来找谭裁缝啰？
现在这个行业都在转型为高端定制了，也越来越远离百姓的日常。

我公公他们祖籍是浏阳的。
家里是造纸的，
三兄弟齐心协力，
靠着造纸生意在长沙城里站稳了脚跟。
文夕大火后，慢慢攒钱砌起了这栋房子。

七岁之前家是全部，七到十二岁家是晚上，十二到十八岁家是周末，十八到二十三岁家是寒暑假，珍惜和家人的每一天。
一草一木都见证着家族变迁。

从浏阳运过来的纸，就先存放在二楼。
一代又一代使用者带来的独特印记，赋予了这栋屋子鲜明的岁月痕迹，留存着祖辈的温度与情感，这些都是不能用金钱衡量的宝贵财富。
买纸的人也只管来挑货。

我们的纸质量高，价格也公道，生意可以说是红红火火。
老邹啊，你这里货又好，人也实在，咱们长期联系啊。
谢谢两位老板。

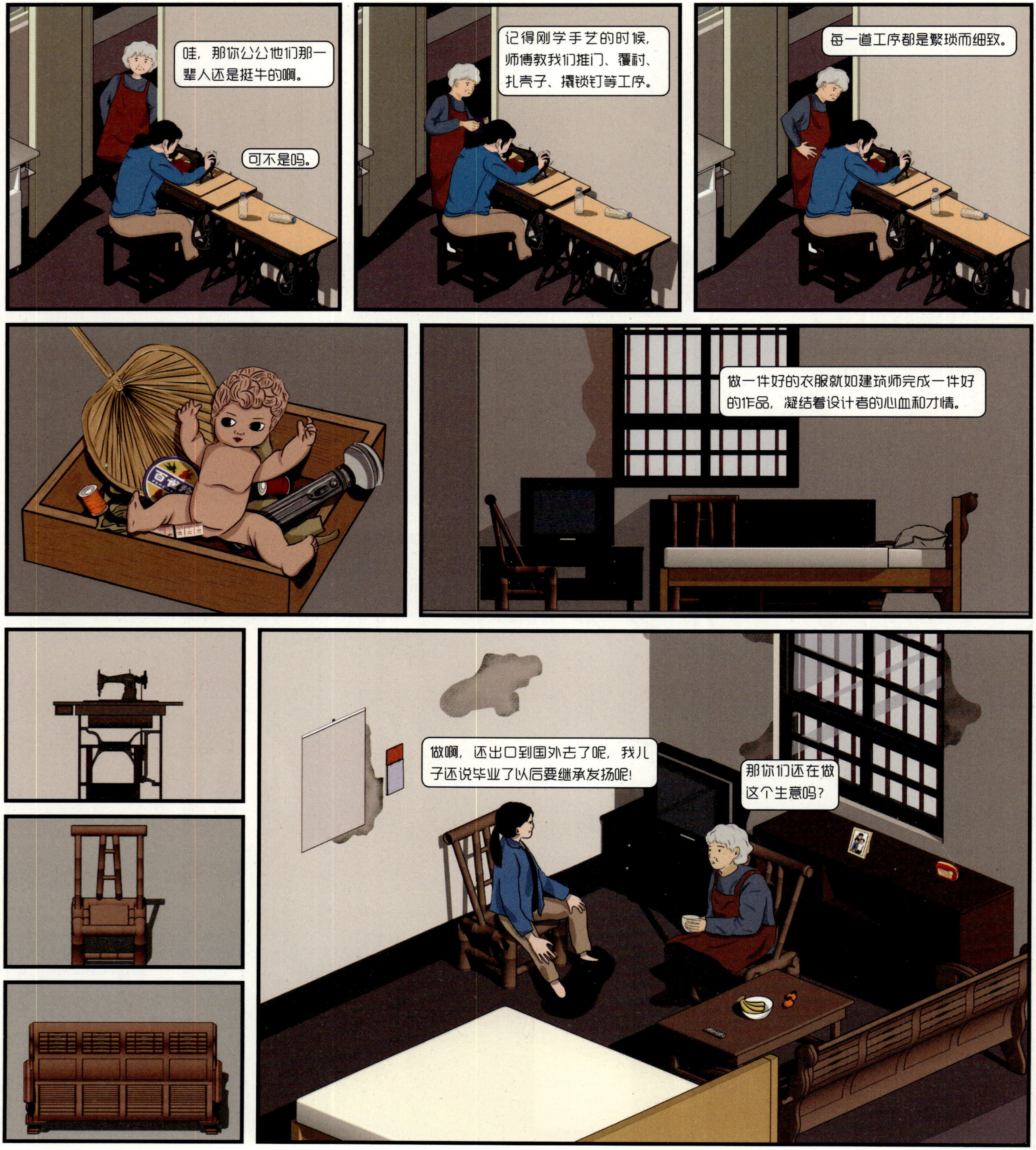
哇，那你公公他们那一辈人还是挺牛的啊。
可不是吗。
记得刚学手艺的时候，师傅教我们推门、覆衬、扎壳子、攥锁钉等工序。
每一道工序都是繁琐而细致。
做一件好的衣服就如建筑师完成一件好的作品，凝结着设计者的心血和才情。
那你们还在做这个生意吗？
做啊，还出口到国外去了呢，我儿子还说毕业了以后要继承发扬呢！

一根软尺，一块画粉，一把剪刀，一筐针线，一台缝纫机，
提供“一人一版”的服务……这就是谭裁缝的日常。
老物件似乎能够打破时间的桎梏，将谭裁缝
的日常重现于眼前；老手艺也可以是一种媒
介，让上个时代的匠人精神流传至今日。
“老旧”的东西往往被认为是亟待清除的，但“老”和“旧”
却也往往承载着人们珍贵的回忆。城市环境的更新带来的
是物质条件的改善，但与此同时，也应当兼顾人们的情感
和心理诉求，在不断向前的日子里给人以慰藉。

清泉食杂店

清 泉 食 杂 店

招待所
小小发廊
美之缘

三贵街是一条古老的街道，位于现在的长沙市开福区中山路北侧。记忆中三贵街一直经营豆腐铺和肉铺，有著名的时务学堂，同时还有故事中的主角——清泉食杂店。

兄弟你难得来长沙玩儿，我今天带你去吃好吃的！这家店可是长沙老字号，都市频道、美食通都报道过这家店，抖音上视频播放上百万了呢！真的是“酒香不怕巷子深”！
湖南省科学器材公司
宿舍
招待所
安化
炒菜 快餐 盖码饭

这条街对面曾经是湖南孤儿院总部，大约民国六年由湘潭迁入连升街。
美之缘
休闲中心

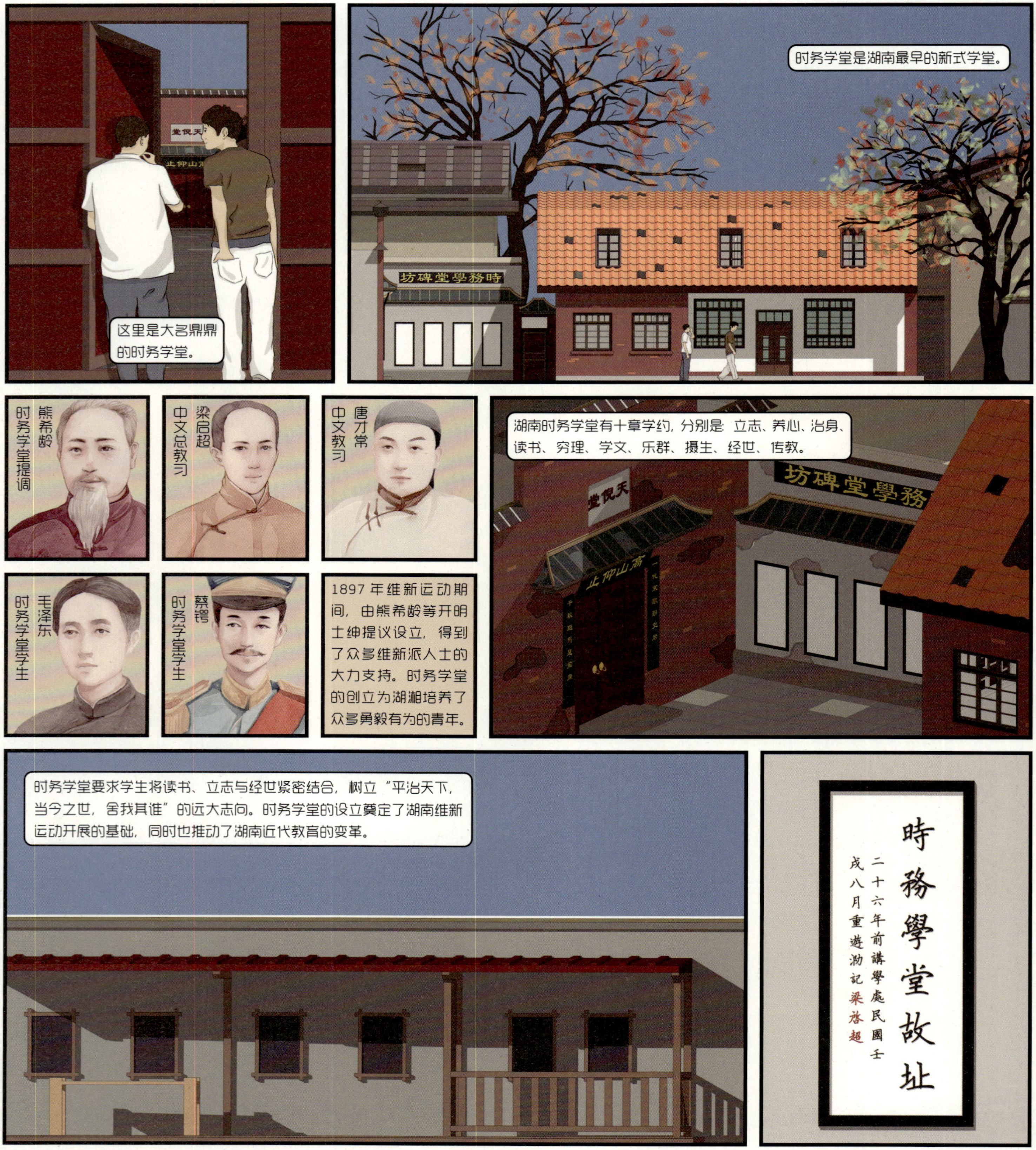

这里是大名鼎鼎的时务学堂。
时务学堂是湖南最早的新式学堂。
時務學堂碑坊
熊希龄
时务学堂提调
梁启超
中文总教习
唐才常
中文教习
毛泽东
时务学堂学生
蔡锷
时务学堂学生
1897 年维新运动期间，由熊希龄等开明士绅提议设立，得到了众多维新派人士的大力支持。时务学堂的创立为湖湘培养了众多勇毅有为的青年。
湖南时务学堂有十章学约，分别是：立志、养心、治身、读书、穷理、学文、乐群、摄生、经世、传教。
天倪堂
時務學堂碑坊
止仰山高
时务学堂要求学生将读书、立志与经世紧密结合，树立“平治天下，当今之世，舍我其谁”的远大志向。时务学堂的设立奠定了湖南维新运动开展的基础，同时也推动了湖南近代教育的变革。
時務學堂故址
二十六年前講學處民國壬戌八月重遊泐記
梁啓超

马上就要到了，给你先看看这个抖音视频吧。
今天，人们还在其故址上成立了时务学堂研究会，弘扬中华传统美德和传播湖湘精神，开展植根长沙、辐射全国的文化传播；并积极推动与世界各国家和地区相关研究者的交流与合作。
爱心 招待所
安化 小小家菜馆
炒菜 快餐 盖码饭

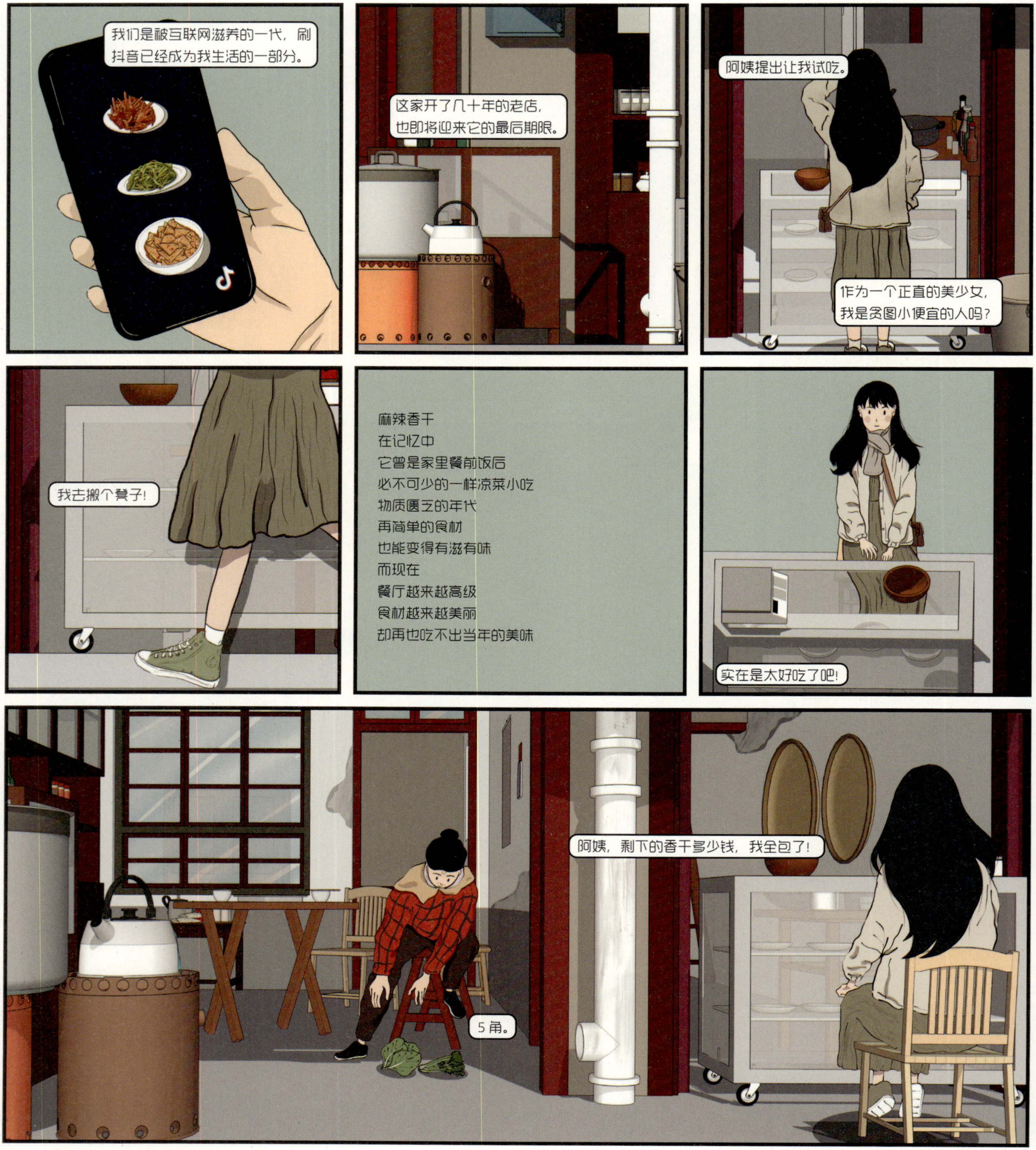
我们是被互联网滋养的一代，刷抖音已经成为我生活的一部分。
这家开了几十年的老店，也即将迎来它的最后期限。
阿姨提出让我试吃。
作为一个正直的美少女，我是贪图小便宜的人吗？
我去搬个凳子！
麻辣香干
在记忆中
它曾是家里餐前饭后
必不可少的一样凉菜小吃
物质匮乏的年代
再简单的食材
也能变得有滋有味
而现在
餐厅越来越高级
食材越来越美丽
却再也吃不出当年的美味
实在是太好吃了吧！
阿姨，剩下的香干多少钱，我全包了！
5角。

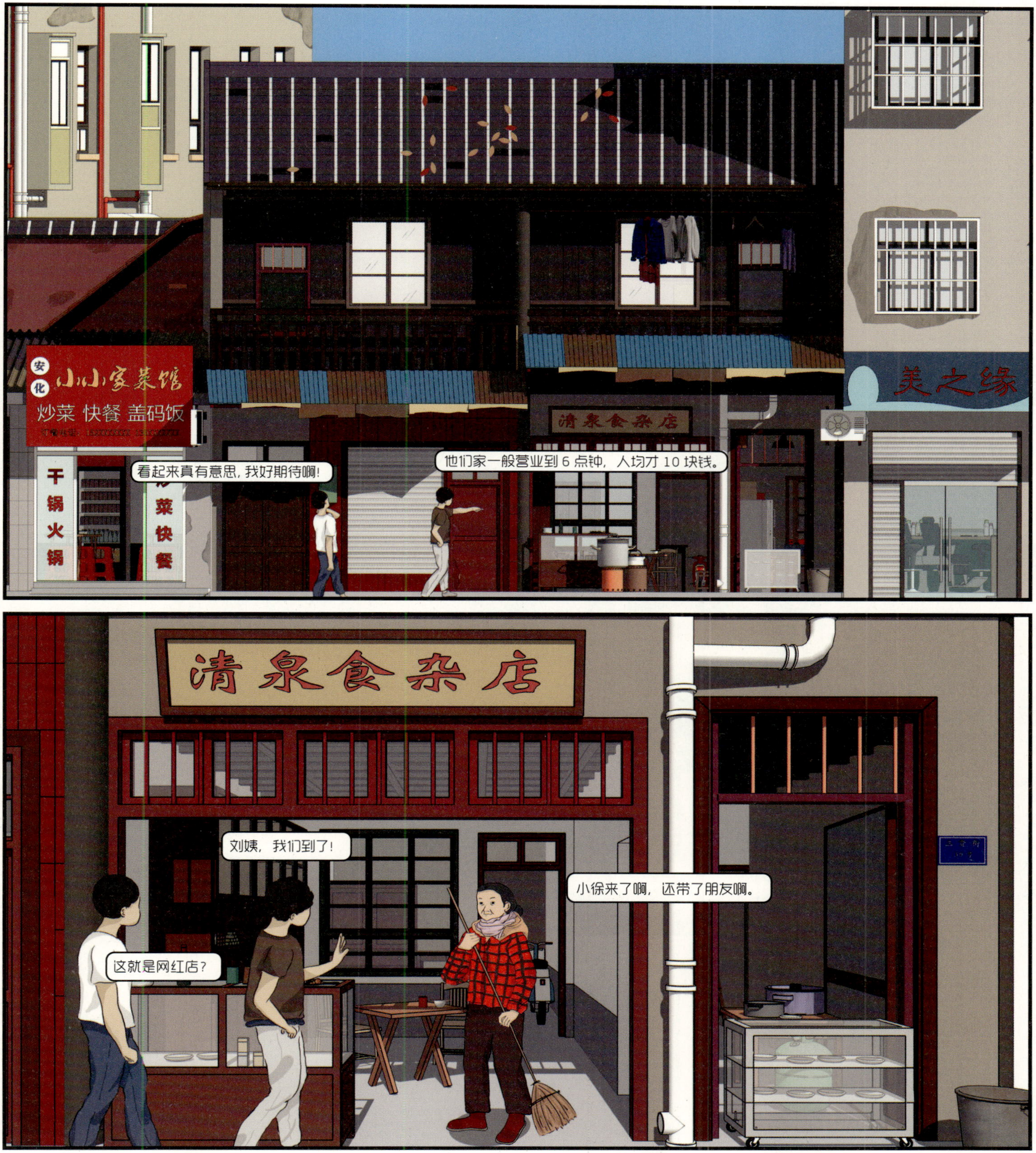
安化
小小家菜馆
炒菜 快餐 盖码饭
干锅火锅
清泉食杂店
美之缘
看起来真有意思，我好期待啊！
他们家一般营业到 6 点钟，人均才 10 块钱。
清泉食杂店
刘姨，我们到了！
这就是网红店？
小徐来了啊，还带了朋友啊。

安化
小小家菜馆
炒菜 快餐
订餐电话: 152XXX
炒菜
快餐
这里的仔油姜、紫苏姜、酸辣鸡杂、鸡爪、马齿苋都好好吃啊!
对! 太好吃了! 刘姨的手艺果然不一般!
清泉食杂店

30 年意味着什么？可能是一种坚守，也可能是一种不想变化的延续吧。
休息的时候就看一会老年报。
每天的工作都不能随意对待。
做菜的时候，一定要专心。
每天早上 6 点去市场买菜。

以前的老长沙都是这样子，
下面是店上面房屋住人。
我只是一只小猫咪，我不需要为生活发愁，喵~
刘姨的一天是这么度过的：
早上 6 点就去买菜，
7 点半回家做饭，
吃完早饭开始准备小吃，
11 点全部完成，开始营业。

顾客大多是老主顾了，虽然很多人都已经搬走了，但还是很照顾刘姨这儿的生意。
刘姨在这做了几十年了，自然是不愿意搬走的。
她想留在这里，也把老长沙的味道留在原汁原味的老长沙。
虽然每天如此有些乏味，但是刘姨是一个对生活格外满足的人。
我们是 86 年开的张，当时就是食杂店，卖那些日用品，就是大家街坊邻居都要的一些产品，油啊盐啊酱油啊那些东西呀。后来一直做到 2000 年，我们转型了，因为那时候超市慢慢地都到长沙这边来了，我们店里的生意也就不好了，于是就改做这个凉菜蒸菜这些一直做到现在。

刘姨这儿的东西全都是手工做的。
纯天然无添加!
宝宝来尝尝好吃吗?
好吃! 好吃!
特好吃!
等久了吧, 马上就好啦!
简直就是小巷里的深夜食堂!

等久了吧，快来尝尝。
真好吃，刘姨宝刀未老啊，还是我记忆里那个味道。
我们也可以造就一个卤味江湖！

刘娭毑的家

可以说，刘媖虵见证了潮宗街的风风雨雨。这里的一砖一瓦，她都非常熟悉。
刘媖虵也说，潮宗街是她永远的家。

刘娭毑是潮宗街的老居民了。她自儿时便在潮宗街附近的太平街生活，青年时代与丈夫孩子在潮宗街定居，到如今在潮宗街开始老年生活，已经有六十多年了。
这里的人事变迁，她也熟知于心。

今天是和两个学生约好的采访日，刘娭毑早早地便开始做起了准备。
里如九

福庆街粮油批发
连升街早餐店
原味鸭霸王

刘娭毑很愿意给人分享潮宗街的故事。事实上，能讲潮宗街故事的人也越来越少了。
连锁超市
XX便利店
网址：WWW.FIYISTUDIO.CN 送货电话：136XXXXXXX
刘娭毑，我们来找您啦。
来啦，我买了新鲜的莲子，上来吃点吧。
在潮宗街更新改造的过程中，很多老居民都搬离了潮宗街。刘娭毑的邻居也都纷纷搬离了。

刘姨咃，现在这栋楼就只剩您家这一户了嘛？
是啊，就只剩我这一家了。其他邻居们都搬走啦。
以前这栋楼可热闹啦，楼下原本是家餐馆，还挺有名的，来吃的人还蛮多的。

楼上住的领导还在楼顶给他女儿布置了一间"情人房"，是当年我们这一片最好看的房间呢，我们都很喜欢跑过去玩。
更早以前这里是煤炭职工的宿舍楼，楼下的餐馆甚至还是用来放煤的。

总之，以前可不是这么一幅冷清的样子。

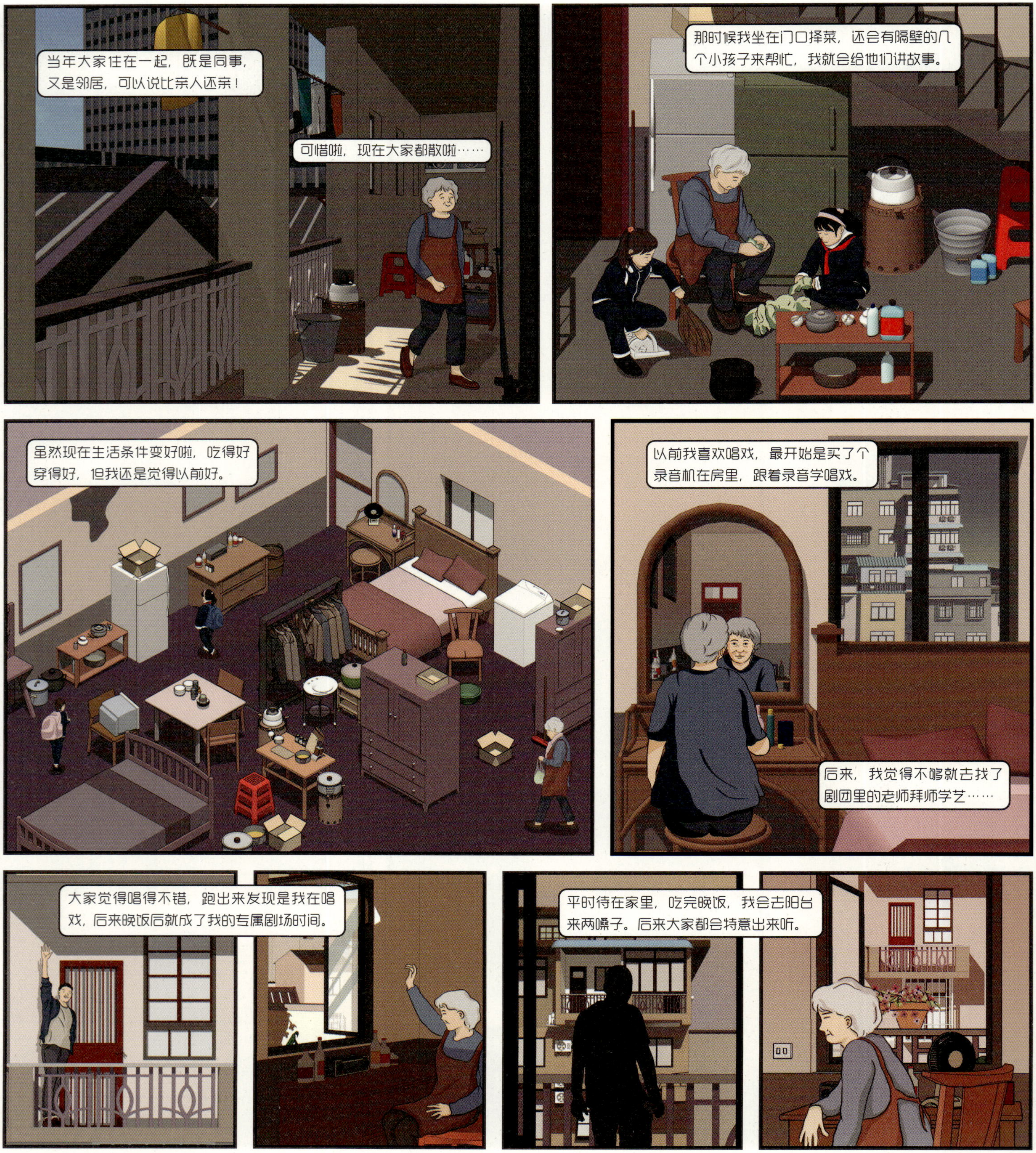
当年大家住在一起，既是同事，又是邻居，可以说比亲人还亲！
可惜啦，现在大家都散啦……
那时候我坐在门口择菜，还会有隔壁的几个小孩子来帮忙，我就会给他们讲故事。
虽然现在生活条件变好啦，吃得好穿得好，但我还是觉得以前好。
以前我喜欢唱戏，最开始是买了个录音机在房里，跟着录音学唱戏。
后来，我觉得不够就去找了剧团里的老师拜师学艺……
大家觉得唱得不错，跑出来发现是我在唱戏，后来晚饭后就成了我的专属剧场时间。
平时待在家里，吃完晚饭，我会去阳台来两嗓子。后来大家都会特意出来听。

老师说我的问题就是普通话太不标准啦，影响到吐字，我干脆跑去对面街上的北京老板家里当保姆，跟着老板学讲普通话。所以我现在的普通话在我这个年代的普通人里是相当不错的呢！

九如里

九 如 里 公 馆 群

民国时期，长沙潮宗街米市与无锡、芜湖、九江米市并誉为中国四大米市。据清嘉庆《长沙县志》记载，其时仅潮宗门外即有粮行 17 家。民国时期，潮宗街两侧更是有永丰、协丰、吉丰、协和、德安、益华、恒丰、太丰、顺丰、义丰、友和等 20 余家粮栈、米厂，其时有“米街”之称，其中协丰粮栈由曾国藩女婿聂缉椝于 1908 年创办。明清时期湖南运销江浙的粮食、民国时期部队所需的粮草，甚至新中国成立后湖南输送苏联的谷米，都在此街集散、加工或转运。粮食业的兴盛，又带来纺织、餐饮、烟草、装卸搬运诸业的发展，粮食业的繁荣是潮宗街在历史上最为突出的特点。

協豐糧棧

米市的大街上人来人往，摩肩接踵，许多工人在米市老板和监工的催促下，背着沉沉的米袋，在米店和码头之间忙碌着；米店门口各地的商人和老板谈论着生意；街上运米的大卡车正在卸货；担水的挑夫在街上来回奔走；人力车、汽车在街上的人群中穿梭……一片繁忙的景象。

潮宗街西段靠沿江大道，出口为粮食码头，被戏称为“坐殿金华”。许多外国公司在此设立了办事处，形成了洋楼耸立、鳞次栉比的景象。湘江中行驶的货轮大概就是当时英国轮船公司的船。

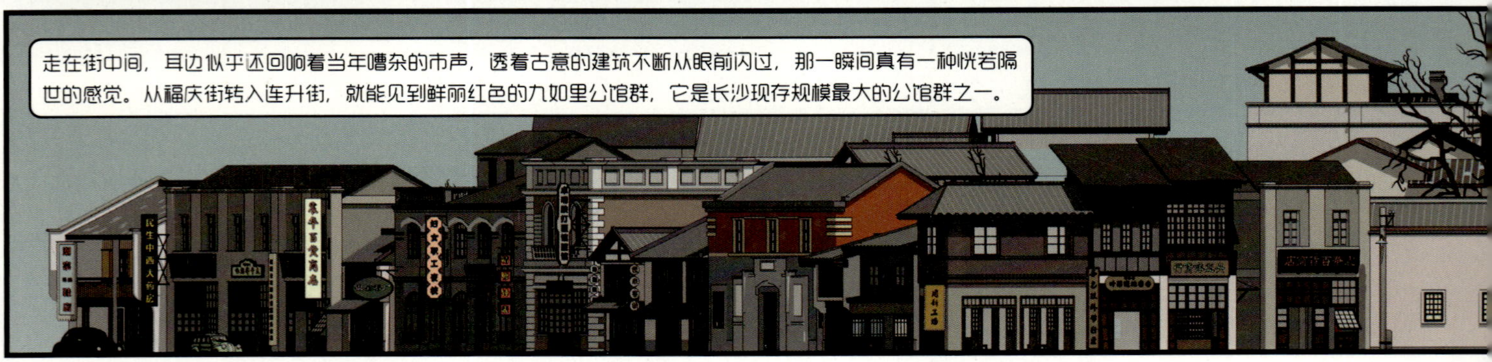
走在街中间，耳边似乎还回响着当年嘈杂的市声，透着古意的建筑不断从眼前闪过，那一瞬间真有一种恍若隔世的感觉。从福庆街转入连升街，就能见到鲜丽红色的九如里公馆群，它是长沙现存规模最大的公馆群之一。

潮宗街米市兴盛，有许多老字号门店，其中协丰粮栈就是典型的案例之一，从码头到米市的路上热闹非凡，背米工、挑水工在有序地忙碌，人力车夫拉着客人从大街小巷经过……当时的潮宗门又名草场门，明清时期是长沙城所设九座城门之一。
妇女职工夜校
精修钟表
卓明跌打医馆
悦来客栈

红砖采用的是与巷内公馆建筑统一的材料，门窗顶部呈凸字造型，门框上方也由凸砖块围成，双层长方形四角突出的牌额，中嵌汉白玉石碑，上阴刻著名书法家黎泽泰所书的正楷“九如里”三字。

如今此处还保存着八栋民国时期的老式公馆。相传九如里因旧时有九户体面人家居此而得名。“九如”又是一吉祥用语，出自《诗经·小雅》中“天保九如”的祝寿之辞。有许多名人曾住过此处，如民国的银行家辛蘅若、政要代表万衡等人。
民国时期长沙名媛的生活景象，不知道是不是这样子。
百樂門

临近除夕，白雪覆盖着潮宗街。俯视大地，好似深灰、浅灰的色块从白色的拼接方块中透出来，而红色的九如里在一片雪白中分外耀眼。随着光阴流逝，昔日庭院内玩耍的孩童已经变成了白发苍苍的老人。

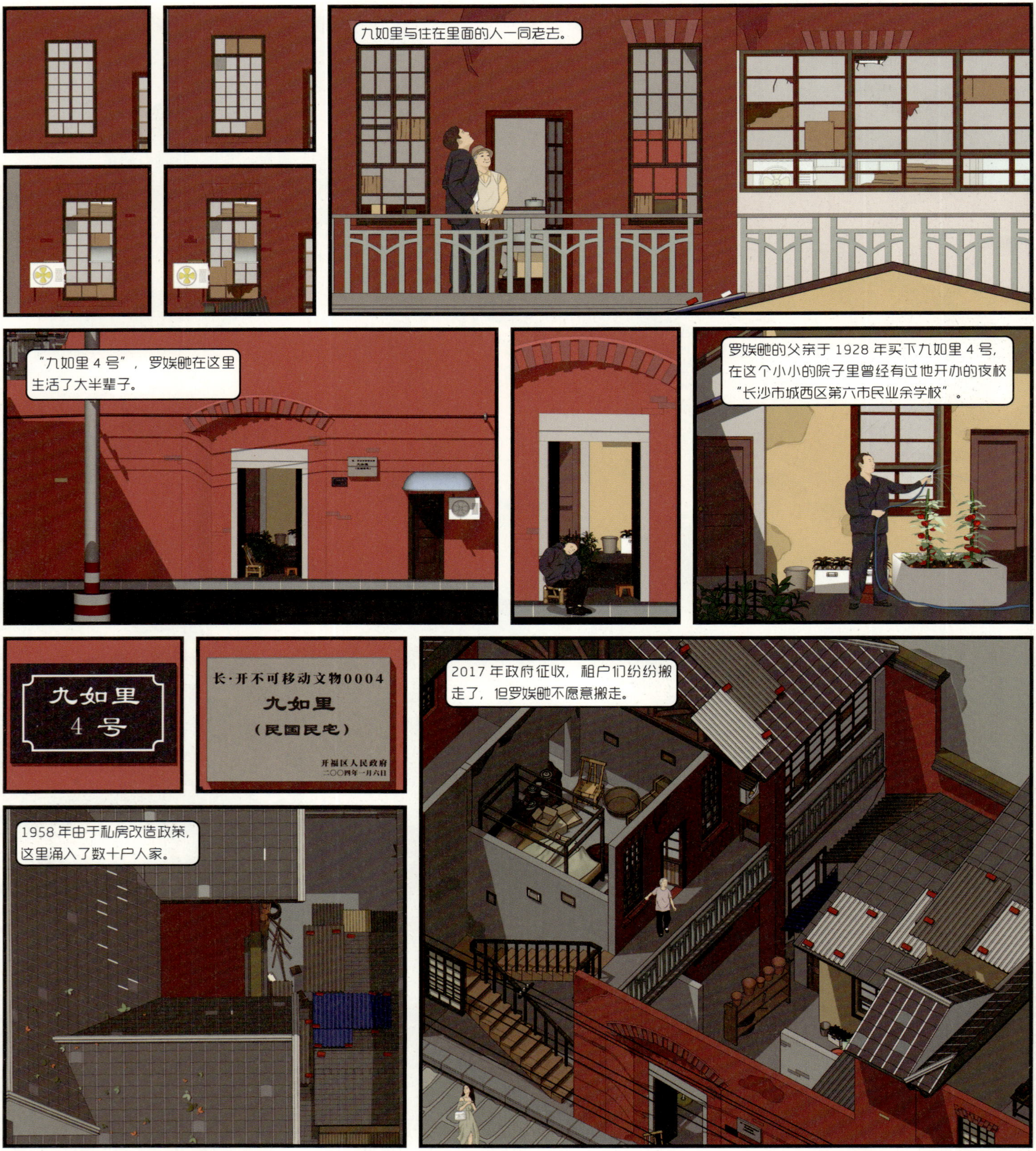
九如里与住在里面的人一同老去。
“九如里 4 号”，罗娭毑在这里生活了大半辈子。
罗娭毑的父亲于 1928 年买下九如里 4 号，在这个小小的院子里曾经有过他开办的夜校“长沙市城西区第六市民业余学校”。
九如里
4 号
长·开不可移动文物0004
九如里
（民国民宅）
开福区人民政府
二〇〇四年一月六日
1958 年由于私房改造政策，这里涌入了数十户人家。
2017 年政府征收，租户们纷纷搬走了，但罗娭毑不愿意搬走。

早已搬去别处的街坊仍不时回来看看，围坐在罗娭毑家门下聊些家常，远处有施工场地上的轰鸣声。“潮宗街有机更新项目”正在进行。

临街的连升街 52 号在湖南大学建筑学院魏春雨院长的主持下已经恢复了民国风貌，将作为承载社区记忆的陈列展示馆存在着。截至 2018 年年底，潮宗街一期项目累计迁出八成原住民，商业引入正在进行。随着原住民的迁出和商业的介入，也许我们会看见下一个“三里屯的那里花园”。

原址保护
请勿动土

古 城 墙

回顾 2015 年，这是“旧城改造”如火如荼的一年，长沙也不例外，拟实施 42 个旧城改造项目，却对历史街区、文物保护只字未提。2011 年在万达广场工地内发现 100 米南宋古城墙，经各方面不懈争取，最终只允许原址保留 20 米。
洲城 千年长沙
万达公馆 传承荣耀
首期一日售罄 二期即将认筹
万达公馆 0731 856 XXXXX
万达公馆 传承荣耀
首期一日售罄 二期即将认筹
万达公馆 0731 856 XXXXX
山水洲城 千年长沙
万达公馆 0731 856 XXXXX
万达公馆 传承荣耀
首期一日售罄 二期即将认筹
万达公馆 0731 856 XXXXX
万达公馆 传承荣耀
首期一日售罄 二期即将认筹
万达公馆 0731 856 XXXXX
山水洲城 千年长沙
万达公馆 0731 856 XXXXX

万达公馆 传承荣耀
首期一日售罄 二期即将认筹
万|达|公|馆 0731 856 XXXXX
山水洲城 千年长沙
万|达|公|馆 0731 856 XXXXX
万达公馆 传承荣耀
首期一日售罄 二期即将认筹
万|达|公|馆 0731 856 XXXXX
万达公馆 传承荣耀
首期一日售罄 二期即将认筹
万|达|公|馆 0731 856 XXXXX
山水洲城 千年长沙
万|达|公|馆 0731 856 XXXXX

2011 年 11 月，长沙市开福区万达广场工地例行考古勘测，发现古城墙，根据随后出土的器物及墙砖特征判断，城墙跨越宋、元、明、清等朝代。

2011 年 11 月 29 日，市领导主持召开协调会，明确文物部门要全力以赴进行保护，由市文物局牵头，万达公司配合，责成专人负责古城墙保护工作。
城墙在这里，曾经的河西岂不是一片荒芜？

长沙考古
2012 年 1 月 8 日，湖南省考古工作汇报会在长沙召开，有关负责人首次正式披露古城墙的考古发掘情况。媒体开始关注古城墙考古发掘，古城墙成为市民关注的焦点。
据说有定城金砖。
会不会又能挖出一个辛追夫人？

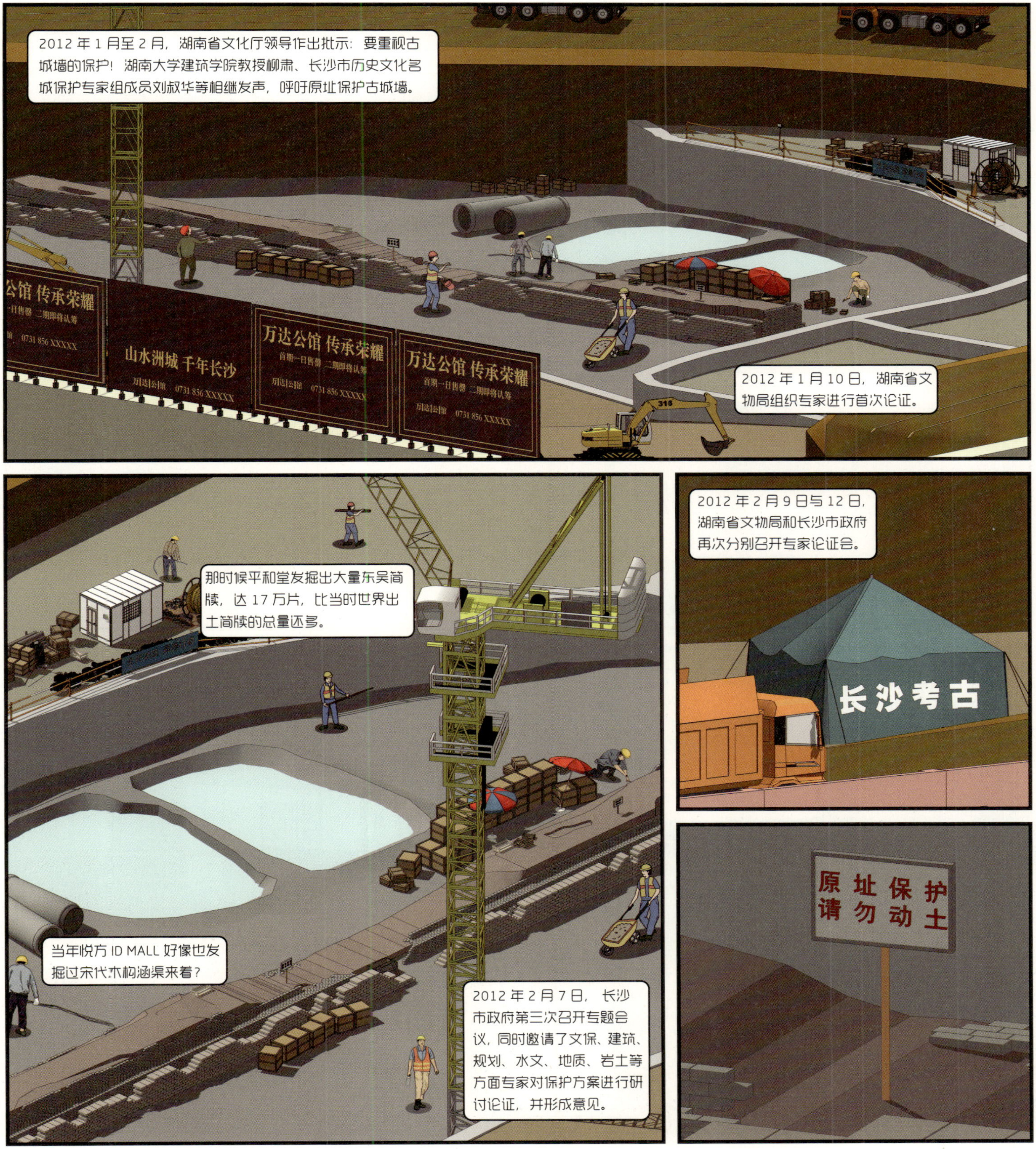

2012 年 1 月至 2 月，湖南省文化厅领导作出批示：要重视古城墙的保护！湖南大学建筑学院教授柳肃、长沙市历史文化名城保护专家组成员刘叔华等相继发声，呼吁原址保护古城墙。
公馆 传承荣耀
山水洲城 千年长沙
万达公馆 传承荣耀
首期一日售罄 二期即将认筹
万达公馆 0731 856 XXXXX
万达公馆 传承荣耀
首期一日售罄 二期即将认筹
万达公馆 0731 856 XXXXX
2012 年 1 月 10 日，湖南省文物局组织专家进行首次论证。
那时候平和堂发掘出大量东吴简牍，达 17 万片，比当时世界出土简牍的总量还多。
当年悦方 ID MALL 好像也发掘过宋代木构涵渠来着？
2012 年 2 月 7 日，长沙市政府第三次召开专题会议，同时邀请了文保、建筑、规划、水文、地质、岩土等方面专家对保护方案进行研讨论证，并形成意见。
2012 年 2 月 9 日与 12 日，湖南省文物局和长沙市政府再次分别召开专家论证会。
长沙考古
原址保护
请勿动土

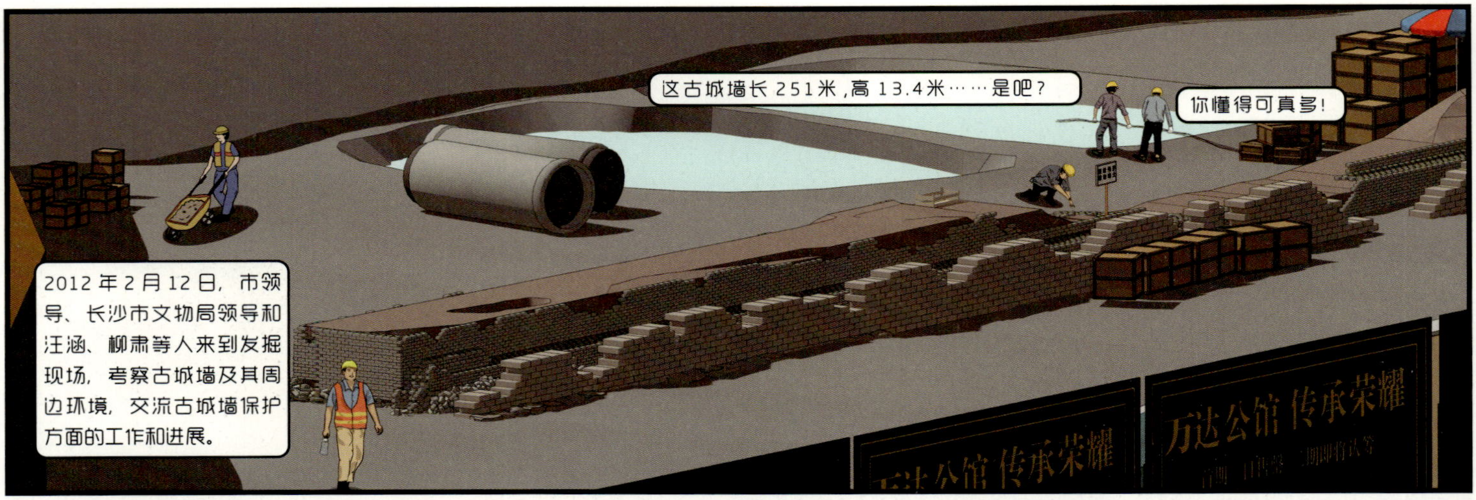
2012 年 2 月 12 日，市领导、长沙市文物局领导和汪涵、柳肃等人来到发掘现场，考察古城墙及其周边环境，交流古城墙保护方面的工作和进展。
这古城墙长 251 米，高 13.4 米……是吧？
你懂得可真多！
万达公馆 传承荣耀

2012 年 2 月 15 日，《潇湘晨报》披露针对潮宗街古城墙 3 种保护设想，并征求市民意见，引发强烈反响。
我也想到一个保护方案……

首期一日售罄 二期即将认筹
万|达|公|馆 0731 856 XXXXX
万|达|公|馆 0731 856 XXXXX
专家目前提出了三个保护方案，一是原址保护，为古城墙搭建“水泥密室”……
全民动员 紧急行动
宋代？
搞不清咧！
清代？
明代？

柳肃
#保护长沙古城墙#成为大家关注的热点新闻。
山水洲城 千
达|公|馆
0731 85
在《论湖湘建筑的思与辩》一书当中，柳肃教授深入谈论道：“我个人觉得这段留下来的城墙价值已经不大了，当然能留下一个真实古迹也是值得庆幸的。只是现在的情况来看，各时代的特征看不出来了，当年战争的痕迹看不见了。”
湖南大学柳肃老师站出来呼吁：拯救长沙古城墙，坚决要求原址保护！
哎呦，宋朝工人也这么累吗？
二期即将认筹
0731 856 XXXXX
2012年2月23日，根据长沙市有关部门的请求，省文物局组织专家对长沙市编制的概念性保护方案进行评审，确认部分原址保护方案。
别问，问就是资本优先！
全民动员
大家加油，不要偷懒！
幸亏不要搞垃圾分类，不然累死去！
这是啥？
？？？
咯嚓

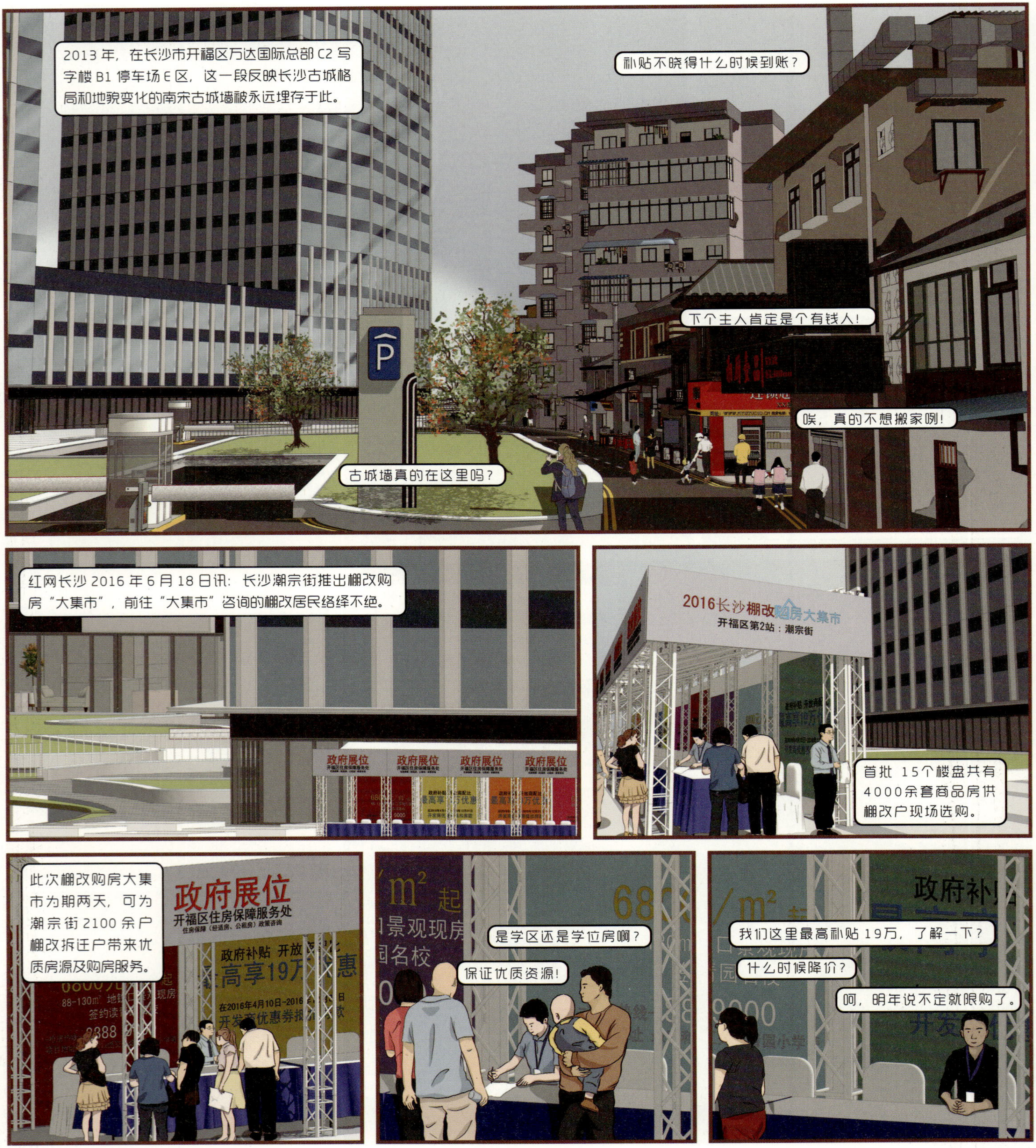
2013 年，在长沙市开福区万达国际总部 C2 写字楼 B1 停车场 E 区，这一段反映长沙古城格局和地貌变化的南宋古城墙被永远埋存于此。
补贴不晓得什么时候到账？
下个主人肯定是个有钱人！
唉，真的不想搬家咧！
古城墙真的在这里吗？
红网长沙 2016 年 6 月 18 日讯：长沙潮宗街推出棚改购房“大集市”，前往“大集市”咨询的棚改居民络绎不绝。
政府展位
2016长沙棚改购房大集市
开福区第2站：潮宗街
首批 15个楼盘共有 4000余套商品房供棚改户现场选购。
此次棚改购房大集市为期两天，可为潮宗街 2100 余户棚改拆迁户带来优质房源及购房服务。
政府展位
开福区住房保障服务处
住房保障（经适房、公租房）政策咨询
是学区还是学位房啊？
保证优质资源！
我们这里最高补贴 19万，了解一下？
什么时候降价？
呵，明年说不定就限购了。

自从现代主义大师密斯·凡·德罗建造出世界上第一栋高层的玻璃帷幕大楼，如今的城市里，有这样玻璃幕墙的高层建筑随处可见。
南宋的古城墙被推倒了，如今又出现了一座新的“高墙”矗立于天际之间。
而生活还在这些“高墙”之间延续……
这个天气晒死人了！
今天包餐吗？
这里的老居民也找到了新的活动空间。
透过这些玻璃幕墙和钢筋混凝土组成的森林缝隙，我们依然可以看见城市原生的古老灵魂，在阳光下闪烁着生活本真的光辉。

人才
连锁超市
湘厨壹号
P

2017 年 7 月，万达、融创、富力三方达成协议，
富力出资 199 亿收购万达 76 家城市酒店的权益，
至此“万达文华酒店”前面又增加了一个“富力”。

福 庆 街

在这股城市变迁的浪潮中，唯一能依法保留下来的，只有历史街区，它是这个时代最后的市井记忆。

小美是一个 90 后建筑师，那种嘴里说着明天必须辞职，第二天还是爬起来上班的矛盾体。
达·总部国际
滴！今天又是新的一天。
啊啊啊要迟到了！
这么多人，等下怎么挤得上去？
电梯怎么还不来？
我是上这一趟电梯还是等下一趟？隔壁电梯快来了，要不再等等？
她觉得每天好像都是一模一样的，像这样的早晨，仿佛已经刷过无数遍的电影。
唉，真是晚起毁一上午，早起毁一天。真是困死了，等下要喝杯咖啡。
不知道能不能赶上电梯！

宽敞的开放式办公间，然而每个人却都被困在一个小小的格子里，并且都有着各自不同的心思。
90后，熬最晚的夜，敷最贵的面膜。996算什么，姐可是007。
我不敢谈恋爱，我背着KPI。
95后，爱自己，爱自拍，爱追星。awsl！明天爱豆要来长沙，我必须翘班去接机！
70后，正在被同龄人抛弃。
60后，对组织有贡献，先让领导看得见，别怪我套路深，我只是不想回农村。
HR再不给我加薪，我就裸辞！
疲惫、窒息、不想上班。
80后，养生是什么？我不需要养生。嗯，给我的可乐里再来粒枸杞。

你病得起吗？
我怎么也不生个病受个伤，那样我就可以回去躺着了。
下班后我真的不想被@了……
今天，我，到点下班！
做梦吧？
嗯，马上就要下班了，甲方说要来开个短会。
诶，你听说了吗，隔壁那个公司有个二十多岁的员工加班猝死了！
小红，这份文件你帮我复印一下。
好的。
前几天接了私活还没动，今天又要加班！
施工图月底就要出，对了，还有个新项目抽时间你做一下吧，睡觉前想一想就出来了，很简单的。
师傅，我已经连续加班一个半月了……
腰椎疼颈椎疼，要去买点膏药了……
一个生命的逝去并不能扭转她熟悉的日常，仿佛也只是一个小小的插曲，虽然令人暗自惊心，可手上的工作却也没有因此而停滞——毕竟活着的人依然要继续自己的生活。

张工，谢谢你及时把图纸给我，不然节点到了拿不到证就麻烦了。
配合开放报建，应该的。
平面还在调呢，你催我也没有用啊！
不到两个月甲方要开盘，我能怎么办！
李工，你们组的综合体方案文本出来了吗，我汇总一下！
甲方给了新的修改意见，我们吃完饭开会讨论一下。
王经理，几个月了，我们设计院的第二笔款能不能付一下啊，不然真的很影响我们的工作进度啊！
快递又打电话催我了，可我没时间去取啊。

公司楼下的咖啡馆在傍晚的时候，总是
坐满了许许多多同她一样疲惫的灵魂。

她决定回福庆街看看。
做出这个决定之后，往日里被钢筋混凝土浇筑的
垂直空间禁锢的灵魂好像得到了自由，她的活动
轨迹也不再被限定在”三点一线“的不变轨道上。
这一刻她跨越了过去与现在生活的边界。

和当年一样，街上弥漫着人间烟火的味道：做小吃的、搞建材的、卖彩票的、打麻将的，还有几只麻雀，迎着阳光蹦来蹦去。
建材店
水泥、轻质砖
河砂、专业上楼
木材、水电材料
五金、888涂料
脚手架出租、承接装修
136XXXXXXX
崽接起回来哒？
天色向晚，街上的人渐渐多了起来，街坊邻里相互打着招呼，伴着长沙话特有的火热腔调，街边的店铺也显得格外热闹。
今天下班这么早！
买菜去！
招待所
好久没来看我爸了！
这个位置格局不好。
分手！
不剪不散
分就分！

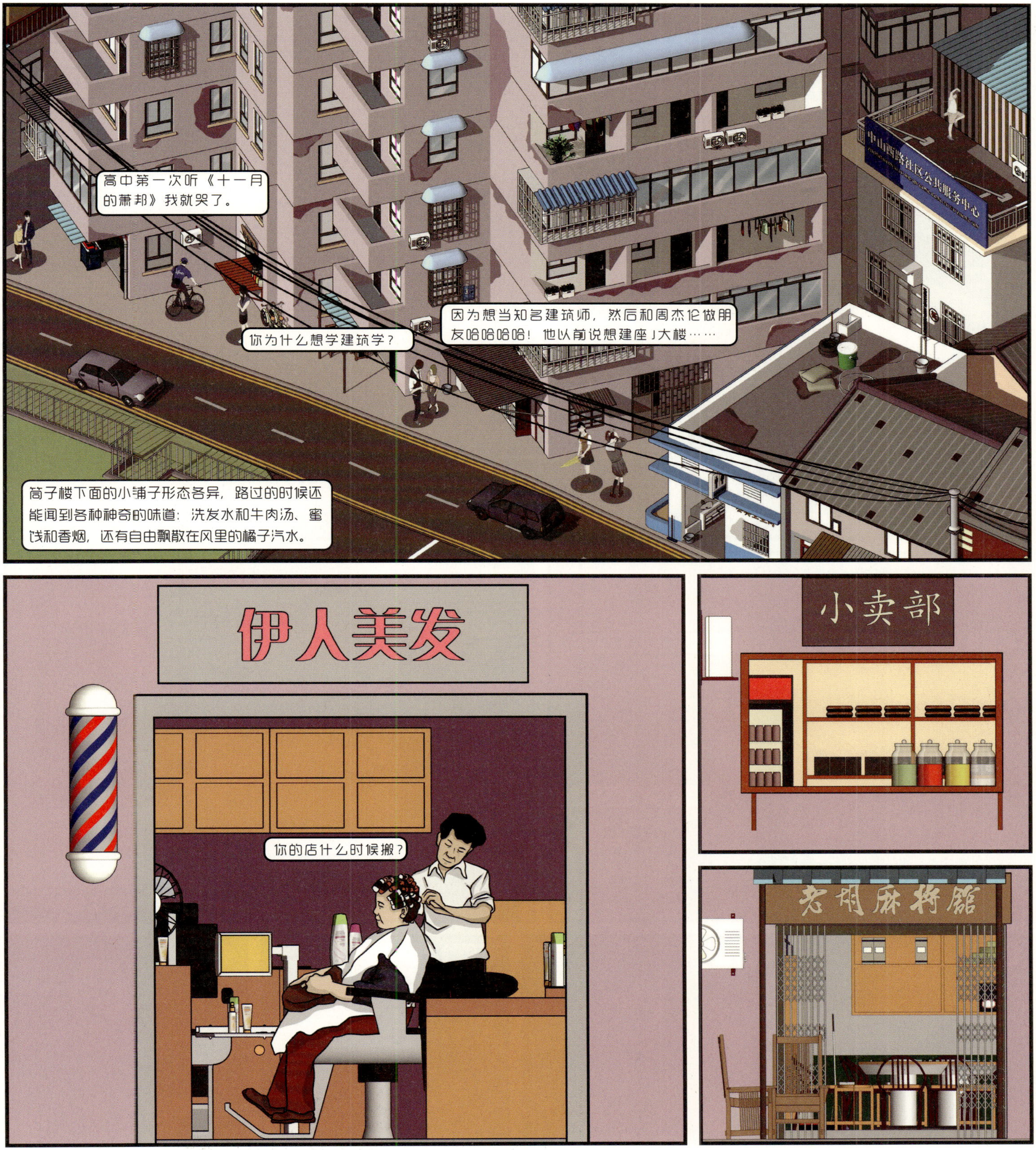

高中第一次听《十一月的萧邦》我就哭了。
你为什么想学建筑学？
因为想当知名建筑师，然后和周杰伦做朋友哈哈哈哈！他以前说想建座J大楼……
筒子楼下面的小铺子形态各异，路过的时候还能闻到各种神奇的味道：洗发水和牛肉汤、蜜饯和香烟，还有自由飘散在风里的橘子汽水。
伊人美发
你的店什么时候搬？
小卖部
老胡麻将館

“哗啦哗啦”搓麻将的声音有时候给人一种潮水翻涌的感觉，这种声音此起彼伏生生不息，伴着各种嬉笑怒骂，让路过的人们瞬间觉得仿佛被这种声音淹没了。
小卖部
喝茶喝茶！
老板没开水了咧！
来根烟，来根烟！
莫急，我马上听牌了。
打完这局我要回家做饭了。
等我赢一盘再走啰。
碰了。
哈哈哈胡了胡了！
背时！又放炮！
嗯……
嗯……
嗯……
三万！

铁板牛肉
四季豆炒肉
家常豆腐
油淋茄子
易家小饭店
好吃好吃!
先别吃，等我拍照发个朋友圈!
这家的粉让我想起冬瓜山裕南粉面老店的味道了。
怎么还不来!
价目表
盖码饭 10元 快餐 10元
经典炒饭/粉
蛋炒饭/粉 6元 肉丝炒饭/粉 6元
炒菜
土人参炒肉 20元 铁板牛肉 40元
爆炒肥肠 20元 铁板鱿鱼 20元
辣椒炒肉 16元 红烧肉 18元
酸辣鸡杂 18元 莴笋炒肉 14元
火腿黄瓜 12元 蒜苗炒肉 15元
红烧鱼块 20元 四季豆炒肉 12元
青椒虾米 18元 青椒火焙鱼 18元
香葱/青椒煎蛋 14元 家常豆腐 14元
香干回锅肉 20元 小炒猪耳 18元
油淋辣椒 10元 萝卜干炒腊肉 20元
小炒丝瓜 10元 油淋茄子 10元
清炒藕片 10元 青椒苦瓜 12元
手撕包菜 10元 时令蔬菜 10元
汤
老姜肉片汤 10元 西红柿蛋汤 8元
紫菜蛋汤 8元 酸辣豆腐汤 8元
当年就是在这里……
318路
最后一面……

这条街不知为何让人流连忘返，也许是这里才有的人间风味令她忘记了平日的枯燥与疲倦，重新找回了对生活的热情。只是可惜，这一片的风景不久之后就再也看不到啦。

建材店
爱心 招待所
爱心 招待所
不知道会不会拆迁？
虽然未来这里将发生巨大改变，但她相信通过有效的保护与更新，它将会成为未来城市经济可持续发展的支柱力量。旧城与社区空间的“复兴”已经成为城市微更新发展的必然趋势，终有一天社区居民的“集体记忆”将会被重启。

旧城需要更新，文化延续是旧城更新的重要诉求，其本质是以文化为载体激活旧城社区活力，促进文化、经济等价值的提升。

潮宗大厦
Chaozong
连锁超市

A·VC582

绘长沙
潮宗街
众 谈

民国旅社及戏台内院（改造前）
注：柳肃提供

在参与潮宗街改造时，我实际上做了几件事，其中之一就是修复潮宗街的麻石街，那时是 2005 年或 2006 年。原来长沙的麻石街都是用宽而厚的大麻石铺成的，因为街道下方是巨大的沟，宽而厚的麻石横着铺上去，起到桥梁的作用，便于人和车马在上面走。我从东边往西边修，铺到快到湘江沿江大道出口，大概还剩三四十米的地方，老麻石没有了，买来的新麻石的形状又和人工造的不规则的老麻石合不上，我就说你们去找，长沙过去有那么多的麻石街，总能够找到一些。但是当时的麻石街除了潮宗街，只剩下金线街还是马市街，还有几个小巷子，找不到多余的老麻石了。然后我说，过去拆了那么多麻石街道，当时总会留下一点吧？后来才了解到，那些麻石有一部分卖给了深圳。麻石代表长沙的历史，这么宝贵的东西，怎么能随便卖掉呢？最后我就没办法了，剩下的那几十米只好搞新麻石铺。

让我记忆犹新的就是修教堂，教堂旁边还有一个亭子，底下的那个防空洞也是我修的。防空洞上面原来没有亭子，而是一间很破的普通民宅。后来这个防空洞要用来展览了，政府觉得破民宅太不美观，只好给了房主一笔钱，把它迁走了。我就在这上面建了一个纪念亭，纪念长沙抗战。因为防空洞已经完全填满了，挖开的话又有安全和积水隐患，因此就只是设了铁栏杆，只允许从外面观看。

九如里的名称，来源于当年长沙的九个重要人物，他们都是政府官员、大银行家、大老板和军队将领这样的高层人物，每人建一栋公馆，总共有九栋，现在只剩下了四栋。这是因为 1938 年的文夕大火烧到这边时，被巷子阻隔，所以巷子另一边的公馆得以保留。我说九如里绝对应当被重点保护的原因，不只是由于它本身的意义，还因为“里”也是中国古代城市的一种象征。中国古代的城市有一种叫做里坊制的制度，一个街区就叫一个里，或者叫一个坊。

柳肃

湖南大学建筑学院教授

民国旅社及戏台内院（改造前）
注：柳肃提供

潮宗街是长沙第二处历史文化街区，为什么把它定为历史文化街区呢？第一是因为它有深厚的历史文化；第二是它留存的文物古迹比较丰富；第三就是它的街巷的格局还保持得比较完整；第四是由于当地原住民的生活一直延续至今。

潮宗街的街巷格局不像北方城市棋盘形的格局，而是如同一个蜘蛛网似的蜿蜒曲折：有之字形的，也有丁字形的。比方说九如里、群胜里和楠木厅都互相连通。这个格局至今没有变化，并且在一个大片的街区格局里面，形成了几个民国时期的公馆群，其中九如里公馆群和连升街公馆群都体现了那个时代的建筑风格：要么就是青砖、青水墙，要么红砖、清水墙，甚至里面的庭院和院落底下的地下室、防空洞，都保存得非常完整。所以如今它能够成为绘本被人们所翻阅，也是一件非常有价值的事情。

到了近代，这里又是湖南省乃至全国最早的一个西医学堂——由雅礼协会和湖南省政府合办的湘雅医学专门学校的所在处。这个学校曾经培养过如张孝骞、汤飞凡、李振翩等一大批现代医学专家。然而这个学校在 1920 年就停办搬离了潮宗街。

之后这个地方又变成了文化书社的旧址。文化书社由毛泽东、易礼容这一批青年才俊作为筹备员创办，目的是传播新文化，亦是一处重要的文化遗址。到后来又出现了韩国志士金九活动的旧址。还有一处湖南时务学堂，位于三贵街，是中国最早的新式学堂之一，也是中国民主政治的一个启蒙交流发源之地，在中国近代史上的影响是非常深远的。时务学堂的中文总教习是梁启超，同时还有唐才常、谭嗣同等维新派人士。这所学堂培养出来的人才也都是了不得的。像蔡锷、杨树达、范源濂都是中国近代史上鼎鼎有名的人物，都是从这所学堂走出来的，所以说潮宗街历史文化街区是一个非常有文化底蕴的街区。

陈先枢

湖南省文史研究馆馆员、长沙大学文化研究所教授

开福万达二期工地发现古城墙遗址
注：晟龙提供

在作为历史文化名城的长沙，潮宗街无疑是一条很重要的历史街巷，长约五百多米的麻石街内存有九如里、金九活动旧址、时务学堂、潮宗街教堂等多座历史建筑，时至今日这里依然保留着原有的街巷格局和城市肌理。近年来，随着长沙历史步道的打造，潮宗街历史文化街区也逐渐显示出它特有的魅力和人文情怀。历史步道最早起源于菲尔·刘易斯（Phil Lewis）1964 年提出的美国威斯康星州遗产廊道规划中的历史文化遗产旅游步道，这是一种慢行游览的体验方式，也是一种对历史区域轻度开发的保护与城市更新方法，通过规划的手段，整合区域内多个历史文化资源，以形成一个完整的历史文化保护系统及步行旅游系统。长沙潮宗街亦是如此，信步其中，我们串起的是这座城市独有的记忆和属于她的故事，历史步道增强了城市的宜居度、休闲度、归属感和历史感。当今，长沙成为了热门的旅游城市、新晋网红城市，对城市的宣传推广也变得尤为重要，“打卡文化”在如今这个时代也成为了一种新潮流，潮宗街历史文化街区作为长沙重要的区域也成为了城市的一张新名片。

故事回到 2011 年，我们沿着潮宗街向西来到潮宗门，在街道西端临江一处工地内发掘出了一段长约 120 米、呈东北—西南走向的古城墙，这是明代和宋代城墙，明代城墙叠压在了宋代城墙的墙基之上，以麻石为基础青砖包边，序列完整史无前例。发掘出的这段古城墙贯穿了多个朝代，部分青砖上的“长沙”和“忠义军”等字样也反映出当时奋战保城的历史记忆，城墙既有防洪也有防卫的功能，并且城墙的位置也见证着湘江河道与城市的变迁，有着重要的历史研究价值，也是记载长沙古城历史的重要依据。如今，对这段古城墙的 20 米进行了原址保护，已与新建设的现代建筑成为一体，保存在了大厦的地下停车场内的古城墙博物馆中，大家在游览潮宗街的时候也可以去探访下这段极富历史价值的长沙千年古城墙。

晟龙

凡益工作室首席摄影师

金九活动旧址内景（改造前）
注：柳肃提供

消失的潮宗街

潮宗街是充满我们儿时回忆的小街，小时候向往的干净、富饶社区；

这里是长沙的心脏，一条从小走到大的麻石路，

小的时候据说为了不让骑摩托车抢劫的坏蛋来潮宗街，老辈们特意不将麻石路换成现代柏油马路；

其他的街都修了新的路，从拆掉房子和麻石开始，

由于街是麻石，就有着街上可以玩的独特游戏，将打毛线的铁针插进麻石间的缝隙，再连成线包围敌人获胜，游戏难度系数极高；也有单腿跳麻石，等等。

由于潮宗街是一条竖街，被两条横着的打流街包围，潮宗街就经常成了坏孩子们的天堂，聚集起来搞尽了天真的名堂、坏事；

回忆起儿时同学，潮宗街似乎住着一帮高素质的老实小家伙，我们随时冲破界限设计关卡将他们的零花钱和零食收入囊中，并以此为乐；

进入叛逆期，潮宗街的老板们开启了多间网吧游戏厅，成为了我们放飞自我的绝好地方，经常放学就飞奔过去，网络游戏成为了青春期的迷幻药；

爸爸经常会带着“武器”来潮宗街寻人，寻到就会拖出游戏厅一顿暴打，然后我会勇敢地寻找下一个隐蔽的游戏厅，直到我们逃离了虚拟，厌倦了游戏；

失败、难过、痛苦的时候就去街上的西方教堂接受洗礼，希望得到神灵保佑，可是我们自始至终连那是个什么教都没有搞清楚，只是在里面躲避了许多遭遇；

街上的超超小吃店是我们填饱肚子或坏蛋们聚会的地方，有一种意大利黑帮咖啡馆的气氛，超超小吃的窗户比较低矮且大，视野极好，方桌紧挨着窗户；

经常坐在超超的窗户边装作吃东西看着街上的熟悉面孔来来往往，幻想着在这些人们身上寻找一种可以满足自我的东西，那种幻想持续了许久许久；

文宾也住在这里的街口，从最开始居住的豪宅到之后居住的魔幻烂尾楼“欧陆经典”，在这里开始创业便有了现在的文和友；

早些年我们经常会回这里吃超超小吃店的盒饭、董姐的臭豆腐、李爷的脚饼、无名胖姐的凉菜、四眼哥的麻油猪血；谈起过往的虚荣岁月然后会心一笑。

如今这些随着所谓的旧改和拆迁似乎都消失了，我们还是经常回忆起这条麻石街的往事和小时候富有的玩伴；

这条小街的事情一直都在自然有序地开展，街上的一切都是日常生活的影子，充满了迷人的色彩和氛围；

是什么样的力量致使这一切快速地逝去、坍塌毁灭，我不知道；

也许其实不是潮宗小街消失了，是我们选择了离开。

翁东华

文和友联合创始人

九如里四号公馆内景
注：柳肃提供

作为长沙人，我从 1998 年开始跟建委、规划局合作，对长沙的近现代建筑进行研究和保护。长沙古建筑现存极少，近现代建筑也不太多。从历史文化名城的角度来说，太平街、潮宗街可以说是长沙最重要的文化遗产的组成部分。几千年以来，长沙的市中心都没有改变过。老城区是历史遗迹最集中的地方，至今仍然是这座城市的商业中心。在这类经济与文化并行的地方，我们该怎么处理新与旧的矛盾？潮宗街绘本的独到之处，就在于把长沙老城很多重要的节点和故事非常巧妙地跟现代生活结合起来，用一些现代年轻人习惯和喜欢的方式，把过去、现在，甚至将来非常好地融合在一起。这种表现方式不光具有一定的学术水平，同时也适合大众的接受能力。

我的研究方向相对偏向学术性，需要非常严谨地复现过去的面貌，立足专业领域来做一些探讨。而凡益的工作的价值则是把历史建筑和历史文化街区保护从书斋引到大众的面前。它采用大家普遍喜欢的方式，将文化、历史、建筑、城市和人的生活故事穿插在一起，向不同层次、不同背景的人群全面展示和推广。不限于单个历史文化街区，也许将来他们有机会将一些历史街巷，甚至整个城市的变迁纳入框架，这样丰富的尝试与探索，在给我们的历史建筑保护提供一定经验的同时，也值得我们的期待。

张卫

湖南大学建筑学院教授

跟王蔚认识很多年了，我们也一直在探讨建筑绘本是否是未来建筑传播学的一个延伸方向。当下受计算机和通信技术的影响，图像时代来临，其标志是人们对信息可视化的兴趣突增。信息可视化将数字、文字等传达的抽象内容通过图像化的方式表达出来，直观地让人们从图像中挖掘出所需要的信息，瓦解了横亘在艺术、人文科学、自然科学以及社会科学之间的障碍，跨领域的发展带来前所未见的深刻认识，就是在这样一个图像化时代，建筑绘本开始进入人们的视野。

当下旧城改造的项目层出不穷，无论是艺术家或建筑师，都开始把新技术、新理论、 新媒介融入对历史街区的描绘之中，相比于早期的透视图，绘本更符合现代视觉传达的大众化、扁平化要求。在这个快速发展的时代，人们需要将人文情感因素介入生活，历史街区绘本正是记载着城市的生活场景与故事，传递着当代人与旧城的情感的介入手段。对旧城的本体以及内涵来说，历史街区绘本是一种特定的关注，推动了社会对旧城与建筑的认同，同时为历史建筑的保护提供了新的思路和努力方向。

孙媛

北京交通大学建筑与艺术学院副教授、硕士研究生导师

九如里巷
注：柳肃提供

如同每个历史时期艺术的萌生与原初都要回归到艺术史中去寻找它存在的理由，或继承发扬，或反叛改造，城市的发展也是如此。按照这个思路来看，绘本作为一种“画出来的书”的形式，将简洁的文字和丰富的图像相结合，首先起到了艺术还原的作用。《绘长沙·潮宗街》是将潮宗街的建筑风貌经过艺术处理，转而呈现出来，是一种再还原，也是一种记录。再者，绘本本身为老街增加了文化价值，同时也增加了文化宣传和传播的可能。中国画论中讲，“宣物莫大于言，存形莫善于画”，在这里，绘本实际上兼具了语言和绘画的双重功能。

与此同时，如同“社区艺术”最终要走向“社群艺术”，“公共艺术”也不可避免地要发展为“公众艺术”，艺术本身是人的附属产物，它最终也将指向人类本身。所以，关注老街区的文化复兴，实际上也是对老街人、老街生活的一种发掘和呈现，它明显会带有某种地域特色，同时也是再现市井文化与生活记忆，凝聚文化价值认同感的一种方式。基于此，建筑本身也因为人的故事而鲜活起来，人也变得更有认同感。

今天，我们来探讨绘本之于公共空间的作用，或许并不是单单讨论其艺术价值。宏观来看，它或许要肩负一些责任，一种面向历史文化的责任，也许它本就应当如此。从这种角度上来看，《绘长沙》无疑是非常有意义的。

何玲

湖南省设计艺术家协会公共艺术专业委员会秘书长

我非常荣幸可以在这里写一些对于本书的感受。

本书并不是单纯的建筑纪录，它让人感受到历史建筑背后的文化驱动力。城市更新会出现越来越多高耸的钢筋混凝土建筑及大片的玻璃幕墙，老城里留下的不仅仅是老建筑，在老建筑内部发生的故事更应该被人们关注。

看这本书的过程中，经常被里面发生的故事逗笑，或为之感到惊讶，甚至心生感动。书中画面细节恰到好处，没有为了使画面“丰富”造成眼睛疲劳，并且非常真实且用心地记录故事。不知不觉我就读完了书上的每一个字，没有错过任何一段对话。虽然没有走在潮宗街，却仿佛身临其境地看到了那里的人和事。我相信在看到故事以后，再次行走在潮宗街会产生更多意想不到的共鸣。感谢王蔚老师的团队（凡益工作室）花费了如此多的心血为我们呈现了历史建筑背后的故事。

每次翻看他们的作品都能汲取到非常强的力量，这种力量不单单来自建筑背后一个一个有生命力的故事，还有建筑师通过非“建筑”手段对于城市更新中人文关怀诉求的回应。在此，向王蔚老师团队表达满满的敬意。

韩锐

RUIS 锐思工作室联合创始人、人气插画师

说来惭愧，作为一个长沙人，第一次去潮宗街已经是 2015 年。当时并不是误打误撞去潮宗街，而是因为潮宗街是长沙一条与太平街齐名的历史文化街区，想去一睹芳容。作为一个建筑遗产方向的初级入门者，在看到潮宗街的破败景象后却感到失望不已。当下“千城一面”“所有历史街区都是一个样”的城市面貌，其实不是一个健康的现象。每个历史文化街区都应该是不一样的，也都可以反映当地的风土人情。老长沙市井生活的气息也是潮宗街非常突出的气质。宽不过十米的潮宗街上绿树成荫，历史悠久的老建筑、人们用脚一步步踩平的麻石、亲切的叫卖声等元素也是这些市井气息的来源。

建筑绘本是建筑学发展的新兴产物，其本身也是一种源于生活却高于生活的新艺术创作方式。王蔚老师的潮宗街绘本的出现，不仅记录了潮宗街的真实场景，同时也以潮宗街上的历史人文事件为素材，通过现代视角的加工，创造和延伸出一些新的故事。这些故事脱胎于潮宗街，却又有了新的剧情，给阅读者一种既熟悉又新颖的感觉。建筑绘本是一种新的艺术品，也能够更直接、更深刻地让人感受到老街自身独特的文化和鲜明的特色。

陈平

湖南大学建筑学院硕士、自由撰稿人

城市的发展对城市空间结构提出许多具有挑战的新要求，这也一定程度上激发了城市历史文化街区的更新以及建筑遗产的保护工作。同时，新媒体的普及带来了越来越多的社会关注，为城市历史文化街区与建筑遗产保护增加了新的思考维度。通过绘本的模式提升居民对城市历史街区和建筑文化遗产的关注，能够有效地促进当地人对于城市历史的保护，同时也推动了城市的可持续发展。

《绘长沙 · 潮宗街》这一绘本的发行，使得潮宗街的每一位市民，不管是在当地出生长大还是移居至此，都能通过阅读这本书，了解这里的故事，也把自己作为这里的一员。通过阅读，市民自然而然地树立了保护意识和对历史文脉的敬仰与尊重。也许过去他们没有机会参与家园的建设，但是未来必不会缺席。公众对保护工作越了解，参与度越高，就越能发挥出重要的作用。

历史文化街区及建筑遗产绘本的主要作用是：辅助筹办及导览相关保护工作，集中展示主题内容，构建社会网络及群体，提供基层化服务。其产生的社会效益将远远高于过去以单一体系和形式进行保护工作的中心化模式。唤起公众的集体记忆，以及叙事性地将历史传递给新的城市居民和游客，有着非常深远的意义。保护工作往往守护过去，但今天，《绘长沙 · 潮宗街》通过新的形式，也将面向未来。

彭友

荷兰埃因霍温理工大学博士

在潮宗街绘本的创作中，我一直关注着数字技术在其中的综合应用，同时也很荣幸参与到潮宗街历史建筑三维扫描的工作中来。三维激光扫描技术是近年才出现的新技术，在国内越来越引起研究领域的关注，去年湖南大学建筑学院新购置了三维激光扫描仪等设备和仪器开始进行相关技术的应用研究，也在这一年多时间里一直在发掘三维激光扫描技术的应用价值。三维激光扫描技术使用面式数据采集替代传统的点式数据采集，通过高速激光测量方法，快速、精确、全面地获取并真实记录文物的三维信息，建立三维模型，使传统的手工测量转变为室内计算机对点云数据的高精度测量。所以，跟传统的测绘技术相比，它具有安全性高、精度高、高保真、高效便捷、成果丰富等特点。

数字化技术是一种先进技术，是提高建筑设计水平的有效工具，我认为它对设计的影响主要体现在设计方法与思维方式等方面。我很高兴这项技术能为记录长沙潮宗街的原貌发挥作用。

汪刘英

湖南大学建筑学院博士研究生

一座古城的道路和建筑是城市表征，是骨肉，是肌肤，而历史文化和居民生活才是城市内涵，是魂魄，是精神。古城区原来大都是某个城市的中心区域，城市设施较之其他地方会完善些，市民衣食住行也相对便利，加之沉淀下来的小区域文化等林林总总，在古城里生活的人自然会有些自豪感、优越感，这也构成市井文化和民俗风情的一部分。

这样的历史街区不应当被定格在某一个古老的过去或者破败的现在，而应被视为一种活态的遗产来进行保护与传承。其历史在不停地被续写，其价值在不断地丰富。各个历史时期就如一本书里的不同章节，一环扣一环，不应因这个章节不够精彩而认定其无价值，更不应该不假思索地将其从书本中撕去、重写。怀揣着对历史的敬畏之心，《绘长沙 · 潮宗街》尊重了历史的真实性，挖掘保留了街区的价值与内涵，期待我们的历史街区在新时代下，能更好地反哺社区，回报整座城市。

李雨薇

湖南大学建筑学院博士在读

建材店
水泥、轻质砖
河沙、专业上楼
水电材料

绘长沙 潮宗街 大事件

群众利益至高无上 征收责任重于泰山
芝林大药房
招聘
抗日战争时期潮宗街防空设施遗址
防空洞
云海江滨
国家欢乐迎富贵
中山建材店
阳光操作
快递

• 潮宗街因临朝宗门而得名“朝宗”。朝宗为朝拜祖宗之意，后又因旧时街口聚居着许多挑河水卖的脚夫，终日街头淌满河水，“朝”遂演化成“潮”，最终定名为潮宗街。

• 潮宗米市

潮宗街旧时为长沙米市，与无锡、芜湖、九江米市并誉为中国四大米市，在长沙商贸史中占有重要位置。

北宋晚期，潭州已能制造载米万斛的大船，往来湘江，运送大米。

1726 年，清政府由藩司发帖，开设各类牙行，提供交易场所，长沙米市正式形成，其中潮宗街最有活力，故有“米街”之称。

1938 年文夕大火后开始衰落。

• 时务学堂

1897 年维新运动期间，熊希龄等开明士绅提议设立时务学堂为湖湘培养青年，选址于小东街（今中山西路）。

受戊戌政变影响，时务学堂被迫解散。

1922 年梁启超重游故地时题下“时务学堂故址”。

1958 年毛主席批示应归还天倪堂故址（即今时务学堂旧址）。

• 文化书社

1914 年左右，毛泽东、易礼容等人在潮宗街湘雅医院的地产上创办长沙文化书社，宣传革命思想、传播新文化及联络进步人士、为共产党组织筹措活动经费。

1927 年文化书社被查封。

1972 年文化书社被列为重点文物保护对象。

20 世纪末文化书社在潮宗街北开发拆迁过程中被拆除，仅留下旧址保护牌。

• 楠木厅 6 号金九活动旧址

韩国著名民族独立运动领导人，韩国临时政府主席金九流亡中国时期，曾在此处落脚。

• 潮宗街教堂

1924 年长沙人李晓峰在潮宗街购入地产，建造教堂，该教堂为长沙老城区内现存六座近代教堂中唯一完全由国人兴办的教堂。

1938 年文夕大火中遭焚毁，1947 年修复。

- 会计讲习所

会计讲习所是湖南最早的会计教育学校之一，是当时最有影响的专注于会计专门人才培养的会计学校，亦是现“湖南财政经济学院”的前身。

1933 年，熊崇煦、李士元、李肖聃、柳大谧等人在潮宗街楠木厅创办厚生会计讲习所，意为“用专业知识为经济发展做贡献，增厚人们的生活”。

- 九如里公馆群

九如里公馆群建于民国时期，呈“T”形排列，是目前长沙老城区内保存最好的公馆群之一和年份最早的红砖建筑。

2004 年，九如里公馆群因其具有较高的建筑艺术价值，被公布为长沙市重点保护历史旧宅，2010 年进而被公布为开福区不可移动文物。

- 九如里 2 号与黄金大劫案

2 号公馆的原主人辛蘅若是民国“中央银行”长沙分行经理，在 1949 年主导偷运了“中央银行”三万黄金，在潜逃过程中被抓捕，国共协商后被释放，辗转前往香港。

潮宗街规划大事件
Chaozong Street Planning Events

2011
万达集团施工时发现潮宗街下的明代古城墙，在以湖南大学柳肃教授为代表的热心人士奔走之下，最终原址保留了20米古城墙。

2015

2016
潮宗街开始棚改，同时推出“棚改购房大集市”等政策。

2016
《长沙湘江东岸街区层次设计方案公示》发布，其中重点提到：“在规划区南段潮宗街历史文化街区，方案则提倡控制建筑高度、保护街区传统肌理和尺度。为了提升规划区活力，方案建议除了商业、居住和商务外，地块还应引入文创功能。”

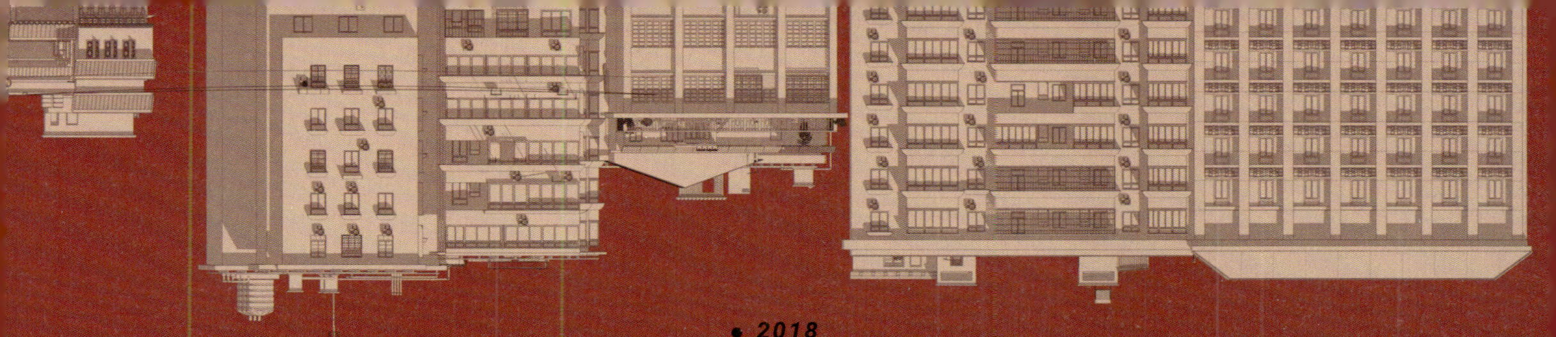

2016

《长沙市潮宗街历史文化街区保护规划》正式公布，经过对潮宗街历史文化街区现存建筑进行详细调查和评估，将街区内的优秀建筑分为三级进行保护。

2016

《长沙市历史步道规划设计》成果获得批复同意，提出：历史步道示范线总长约 6.4 公里，为贯穿南北的历史步道主线，连接湖南省立第一师范、西文庙坪两个历史地段和太平街、潮宗街两个历史街区，向北到达开福寺。

2016

“城市双修”的重点示范工程提出修补河东老城区，进行历史步道建设，潮宗街等老街老巷改造等。2017 年 11 月《长沙市城乡规划实施年度报告（2016）》出炉，其中名城保护工作有较大进展，包括开展《长沙市古城风貌核心区保护规划》《长沙市历史步道规划设计》《长沙市紫线规划整合》等多项规划研究，《长沙市历史文化名城保护规划（2003—2020）》（2015 年修订）、《长沙市潮宗街历史文化街区保护规划》《长沙市历史步道规划设计》获得批复，开展《长沙市历史文化名城保护条例》修订工作。

2018

2018 年 1 月《长沙市潮宗街历史文化街区城市绘本》出炉，在对街区进行三维建模的基础上，以二维平面插画的形式来演绎街区人物的行为，以叙述故事的形式还原每一处老字号、商铺以及民居建筑背后的历史。“城市绘本的形式通俗易懂，能更好地被大众接受。”这种新颖的表达方式，使规划理念融入大众的生活，还能与规划内容相衔接，将规划原则、目的及意义再次演绎。

2020

绘长沙
潮宗街
创 作
之 路

王蔚

历史街区中的场景认同以及集体记忆的重塑，是潮宗街绘本创作追求理念之一，现阶段长沙旧城更新侧重于基础化的建设，例如存量规划、风貌再设计、表皮的翻新等等策略尤为突出。但是在旧城更新后活力的培育与软实力的挖掘却非常缺失，所以《绘长沙 · 潮宗街》侧重从事件顺序、叙事空间、居民原型和可观赏性四个维度串联挖掘故事，有效增加更新片区的空间认同感，迎合当下“网红”及“打卡”建筑的盛行趋势，从另一个角度，探索城市文化的价值和意义。

建筑绘画作为传播的媒介，它是基于生活场景或某一个集体记忆产生的共鸣。其实与普罗大众有联动的往往不是建筑单体，而是城市发展的趋势。近年来建筑传播伴随着互联网经历了巨大的变化，经历了单一化—多元化—娱乐化—消费化的过程，可以说这是建筑学科在这个互联时代被大众开始关注消费所导致的必然。建筑本身就不是普罗大众的必修课，学习它更多是完成自身对城市认知的延展学习。普罗大众往往不能理解建筑师这种职业性的执着，而绘本的创作往往可以作为连接普罗大众再认知建筑师和城市的重要方式之一，绘本创作往往以叙事、事件等几种方式来呈现表达，它的创作方式可能是围绕一个人物、一间老宅、一件事件展开，同时伴有几件物品、几个场景、几个片段来配合创作，通过一根或几根叙事线进行串联，这种串联看似无序，实则呈规则化的组合排列。《绘长沙 · 潮宗街》的结构也正是将围绕记忆的场景、记忆的人、记忆的叙事三个主题来进行组织，希望通过图像讲述和追寻潮宗街的时代记忆：像潮宗街教堂、梓园巷、福庆街、古城墙这样珍贵记忆场景被重塑；裁缝铺、清泉食杂店、刘娭毑的家中的主人的生活被小心地记录；九如里、时务学堂（陈云章公馆）、民国旅社、金九旧居这些时代的风景也通过图像再现于书中。

建筑图像传播越来越被大众所关注，建筑绘本的意义试图诠释大众对其再认知，潮宗街绘本创作出的场景、故事、事件、叙事的建筑图像具有普遍的消费性、新闻性、批判性等特征，这与张利老师在2014年《时代建筑》发表的“建筑与媒体”笔谈论文中提到五种建筑媒体取向中的三个取向不谋而合：①消费性，对于受众人群而言，消费层面是最为广泛的。这一取向，为迎合大众，侧重于让普罗大众参与其中，体会到参与的乐趣。②新闻性，取向注重于对建筑事件的再现，致力于满足专业及相关受众对时事信息的需求。可以说，新闻传播是建筑绘本的本职所在，很多建筑绘画的创设初衷就是以此为出发点的。③批判性，着重于旧城更新进程的线索和启示，致力于通过旧城更新进程中呈现的因果关系的构成和解读，从而激发专业性质的批判性思考。整部的绘本创作呈现出了这三种取向，因此《绘长沙 · 潮宗街》的结构也将围绕记忆的场景、记忆的人、记忆的叙事三个主题来进行组织：首先，像潮宗街教堂、梓园巷、福庆街、古城墙这样珍贵记忆场景被重塑，因其传统空间形态呈现出历史街区独有的特质为游人与原住民所难忘，有效地呈现了街区的场所记忆；另外裁缝铺、清泉食杂店、刘娭毑的家中的主人的生活也被小心地记录，通过对这些居民的日常记忆绘制呈现了对潮宗街的市井记忆；最后，潮宗街作为长沙的第二条历史街区与城市文化重要名片，涌现了一系列代表性历史名人并承载了多元化的历史事件，如九如里、时务学堂（陈云章公馆）、民国旅社、金九旧居等。上述三类主题创作为潮宗街城市更新提供了一些新的空间规划与叙事活动序列组合，希望通过图像叙事的方式追寻潮宗街的时代记忆。

易锦田

我出生在1990年，那时的长沙并不大，站在8层的宿舍楼顶远眺，从五一广场往外延伸的是成片的低矮私房，偶有几排多层的筒子楼穿插其间。我家就在口腔医院后面的巷子中，不宽的五一路只有双向四车道，路旁塞满了各类小商店，其中大多数是音像铺，一对大大的音响、一台彩色电视冲着马路日复一日播放着各色相声小品。与这些小品给我带来同样深刻印象的，是路两旁那被岁月侵蚀成黄白相间颜色的粗大法国梧桐树。走进巷陌，当时还是书市的黄泥街与文运街承载着当时长沙的书籍批发交易，刚好容纳一辆车的街道两旁，两层或三层高的砖木结构私房紧紧地挨着，一层是青砖与麻石改造成的店面，二层是窄窄的雕刻着木制窗花的生活阳台，青瓦坡顶延伸到街巷之上。住在街上的多是三代之家，撑着拐杖的奶奶看着学骑单车的孙子，街头摆摊的是勤奋的下岗父母，不大的长沙城，大家却默契地划分着每片街巷的商业板块。

往西穿过一条条小巷，是仓后街的服装市场，是吉祥巷、如意街的菜市场，是西长街的鱼市场。从西长街往北进入福庆街，便是现今的潮宗街历史文化街区，记忆中我似乎从未踏入那片区域，对潮宗街的陌生源自那里不曾有什么市场让童年喜欢陪父母逛街的我踏足其中。直至《绘长沙·太平街》成书后，下一步开始绘制潮宗街时，我才正式进入这片历史街巷中。这时的长沙已经历了从1995年至2017年近22年的快速发展，城建规模远非从前可比，旧城中的成片私房在这期间成了扩宽的马路，成了超高层的商业、酒店、公寓、住宅、写字楼。原属于街区的商业分工也陆续搬离了街巷，抽去商业的街巷便成了普通的、附属于五一商圈或临近写字楼的、没有特色的街巷。街上不再有成群打闹的小孩，不再有来城市批发叫卖的周边农户，不再有多年在自家门前摆摊的下岗夫妇。街巷恢复了普通与平常，在数次立面改造中添加的仿古砖片遮盖了原来的青砖与麻石，彩色塑钢格栅遮盖了原本的木制阳台，假模假样的树脂屋顶则取代了厚重古朴的青瓦坡顶。现在的街上涌动着匆匆而过的年轻面孔，大家的交流也由地道的市井长沙腔变为了恭敬客气的普通话，一切都朝着快节奏大都市的方向改变。

此刻的潮宗街正经历着它的棚改，它的有机更新，它的重生。街上没有了抽张木头椅就能坐上一整天的老人，涌进来的年轻业主用新潮的理念与看起来就很贵的金属、石材装扮着这片历史街巷中的沿街店铺，大量符合年轻人需求的民宿酒店与青年公寓将废弃的筒子楼装饰一新，这片曾经由米市粮仓、旧时权贵公馆及戏台组成的历史街巷，如今正在焕发着新生。它将不再是过度商业化的太平街翻版，它必是充满着年轻人的活力街区。

欧雄全

我国当前正处于发展的新时代与经济的新常态背景下，城市空间的生产也由“增量”转向了“存量”模式。今后，城市建设中的主要工作就是基于这些“存量”空间在日常与微观层面的更新，这必然也将大量触及城市中的历史文化街区和老旧社区。在我国，大量历史文化街区因自上而下的纸面规划和利益至上的商业开发而走样变形，其根本原因在于街区传统的日常生活和记忆在这一过程中被磨灭或改写了。因此，对于城市中尚未消逝的日常生活空间进行的记录，便越发显得弥足珍贵。我们这些建筑师除了自己本职的规划设计工作，是否还能做得更多呢？

城市是人类社会生活的载体，对日常生活进行观察和表现是城市研究的途径之一。对于任何一个生活在长沙的市民来说，充满烟火气的市井文化和野蛮生长的自组织空间是其最难以忘怀的记忆。凡益工作室选择了城市建筑绘本作为观察、记录和表现长沙市历史文化街区空间与市井文化的工具。城市建筑绘本是一种建筑与空间的图像化表达方式，通过设置场景和故事桥段，对特定的建筑内容进行具象易懂的表达，从而起到向社会大众传播城市及建筑文化的目的。凡益的创作团队成员大多为建筑师，基于专业的思维逻辑和对于空间的敏感认知，使其面对城市正在发生的复杂变化能够进行理性观察并展开批判思考。继《绘长沙·太平街》后，潮宗街成为凡益对于长沙历史文化街区空间与市井文化的又一次空间记录与创作表现。

《绘长沙·潮宗街》的创作来自对潮宗街日常市井生活的考察及观察，以图像、文字记录的形式去挖掘和描述民俗文化与生活记忆，通过对社会、经济、文化、建筑等多重因素的分析考量，去表现历史之于街区空间的叙事与市井生活的形构。因此，城市建筑绘本就像一种“催化剂”，其目的在于引发社会大众对于城市空间和日常生活的认同与共鸣，同时为历史街区的空间和建筑保护提供新的思路与努力方向。在这个时代，我们相信将会有越来越多的建筑师放下手中绘制工程图纸的笔，去拿起另一支笔，以更为生动的方式来描绘城市的空间与生活的记忆。

许昊皓

长沙是一座正在快速新陈代谢的城市。谈到这个话题，我不禁想起 20 世纪 60 年代以日本建筑师丹下健三、黑川纪章为代表的新陈代谢派。这批建筑师站在第三次工业革命（即信息革命）即将到来的节点，思考建筑学的发展，提出了大量对未来的想象，设计了大量工业化、机械化的建筑形式。但是似乎在观念的背后，并没有多少理想的建筑建成，而其中的代表如中银舱体大楼甚至也摆脱不了被“新陈代谢”的命运。转眼现在已到了 2021 年，距离新陈代谢派成立已经过了六十多年，我们的生活环境也发生了巨大的变化，在 60 年前的人们看来，我们就是生活在未来，那么现在的地球是否如 60 年前的人们所畅想的一样？而反观当下，物联网、大数据、人工智能、虚拟现实、自动驾驶等一系列似乎存在于未来的名词已经成为生活的日常，突如其来的“新冠病毒”的进攻，似乎也让人类站在了另一场革命的路口。这些新技术不断涌入城市，我们的城市和老街又如何应对这些变化呢？它还会存在吗？

潮宗街是一片拥有很多历史记忆的城市街区，而我对那里有着特殊的记忆。记得第一次走进潮宗街的时候，我的体验很像毛不易的那一首歌：“风铃响起又是一天云很轻，晒好的衣服味道很安心，一切都是柔软又宁静，每个路口花都开在阳光里，小店门前传来好听的恋曲，不用太久就能走到目的地，人来人往里满是善意……”，可以看到街区的房子很破，人们的日子很艰苦，但是生活依旧很快乐。在街边的一家不知名小店点了一碗米粉，还特意点了份双码，大口嗦粉的体验才是老长沙的早晨呀。这次凡益工作室出品的“潮宗街”绘本，对这片街区的生活做了一个时代的切片，通过大量对居民的访谈乃至无人机航拍、机器人视觉三维扫描进行数据调研和采集，再将这些高科技的成果用绘本的形式展示出来，记录了人们生活中平凡的一天。从新陈代谢派到现在，或许无论在哪个时代，平凡的人还是大多数吧。希望未来的潮宗街继续顽强又轻松地生长在我们的城市之中，“平凡的一天”能在每一个人身上实现。

周逸桉

我的整个童年都是在太平街上度过的。潮湿不平的道路，隐约透着些青苔的碧色，嘈杂的市井和一片光明的天空，仿佛已经变成了久远的记忆。虽然细想下来也没有多少值得提起的事件，但只要打开回忆的匣子，所有的一切就会重新降临，变得熟悉起来。

而《绘长沙 · 太平街》一书唤醒了那些久远的记忆，也让我有幸能投入到这个系列的第二本城市绘本的创作当中。作为一本不同寻常的城市历史街区绘本，《绘长沙 · 潮宗街》着力于挖掘这个城市最容易被人忽视的时代缩影。城市社会学家、图卢兹大学教授雷蒙德 · 莱德鲁特（Raymond Ledrut）认为："我们需要做的是发掘城市温暖的、积极的一面，并让这一面以尽可能有趣的方式传播给大众。"在绘本中，我们揭示出了城市中那些微观的、不可见的一面：因自发更新而充满创造和活力色彩的"莊媛"；在新媒体时代摆脱式微景况重获人气的清泉食杂店；与冷锐现代主义比邻而依然保有市井气息的福庆街……绘本鲜明的色彩赋予了这些街巷空间不同于传统建筑设计或学术研究的情感体验，建立起读者与城市在精神上的联系，从而重构了读者对于城市历史文化街区的认知与想象。

与此同时，绘本中每一个篇章也都蕴含着宝贵而深刻的故事内核：被赋予了现实冷光而失去神性空间的真耶稣教会教堂；迫于资本力量而被肢解的古城墙；在街区改造中独守旧居的刘嫔雎……这些故事的主体是承载着古老城市记忆的建筑，或口述着老街旧巷过往的居民，但事实上他们都被裹挟在时间的角落，与城市发展带来的冲突和矛盾迎面撞击。如果无人记录下这一切，也许在不久的将来，这些城市街巷的记忆便会消失在漫长的时间洪流中。而《绘长沙 · 潮宗街》作为一种独特叙事的载体的意义，也正在于此——如罗伯特 · 麦基（Robert McKee）在《故事》中所说："有史以来，所有的经典作品给予我们的并不是解决办法，而是一剂令我们保持清醒的良药。并不是答案，而是富有诗意的率真，它把人类世世代代之所以为人而必须解决的问题不可回避地昭然于天下。"

张雅琪

建筑是一个城市无言的形象，而绘本就是将建筑印在纸上，用另一种形式将这座城市表达出来。老一辈人花了许多年，将自己的生活融入建筑，但是随着经济的发展，城市和建筑也在慢慢更新，它将以前的记忆慢慢翻篇。我们没有能力将时间保留在原地，只能尽绵薄之力，将它重新绘于纸上，让以后的人有迹可循，站在这片土地上，也能感知它从前的模样。如果说文字工作是枯燥无味的，那么绘本就像重新回到了孩提时代，用美好的眼光去看待一切事物，任何偶然发现都会是新奇而有趣的。站在福庆街，你可以感受到新旧建筑的交替，听到小贩的叫卖与麻将噼里啪啦的碰撞声，和住在高楼的白领擦肩而过；穿梭于梓园巷的各条小路，仿佛能与民国旅社戏台上的伶人撞个满怀，与上小学的小朋友嬉笑打闹；潮宗街的街头，似乎还能看到背着米袋行走的百姓和坐着汽车的军阀，也能在教堂偶遇一场婚礼的举行。

每一条老街都在诉说着属于它自己的经历，那些不可磨灭的印记就在留存下来的建筑之中，向世人展示着一段又一段历史中的故事。我们穿梭于大街小巷，将这座城市的一栋栋建筑绘于纸上，为了那些曾经存在过的东西能重新以另外一种形式出现在大众的视野中，凡益之道，与时偕行。

姜滔

“你们觉得有意思没有？”对潮宗街这样一条街道的挖掘再现是一件很有意思的事情，它将老旧街区剥开了时间的外衣，还原了原本的颜色，并将不同时间、不同空间的行为活动呈现在一起。“停步，是为了一湾小溪 / 入店，是闻到油炸薯条的香味”（木心《素描旅者》）；往来于楼下的牛肉粉店，也是闻到了早餐的葱油饼的香气，或是看到了一直打麻将的牌友们。这一块处于长沙中心位置，邻着万达的短短街巷中，有小学，有教堂，有公馆，居住其中的人也许对此习以为常，但我却被这些日常深深吸引，而在其中发现一些城市变迁中的矛盾碰撞更是一件很有趣的事情。在长沙城市化的进程中，这些延续了古长沙城的布局的街巷面临着改造，但作为街区血脉的社区生活本身能否延续是一个值得探究的问题。绘本创作可以将打乱了时间的活动并置或者叠加，使其产生更多的可能性和丰富性。通过将空间秩序打散随机放置，往往能出现一些很有意思的巧合，探索这些巧合在现实语境下的反映，对街区的再设计和改造而言也有着一定的启发作用。同时，将这些信息用可视化的形式表达出来的整个过程，也是对历史及当下生活的再梳理，这会是一个有意思也有意义的探索。

许一

城市绘本是一种易于理解的媒介，以此切入历史街区的保护更新和城市发展带来的问题，能够有效促进社区居民的理解和参与。《绘长沙 · 潮宗街》一书基于城市考现学和空间叙事的手法，在建筑学的基础上融合了多元学科，凝聚了我们对城市文化和城市问题的思考，为大众解读城市提供了另一个视角。美国漫画家克里斯 · 威尔（Chris Ware）说过，漫画就像电影一样，完成它可能需要几年的时间，但看完只需要几个小时。艺术家的责任不仅在于信息的安置，更应去串联并点亮、赋予它鲜活的生命。依托无人机倾斜摄影的扫描还原场景，用 Sketch Up 将街区信息快速模型化，通过大量人物访谈挖掘故事，其中投入无需多言，而更难以估量的是叙事情节的创作与编排、场景图像的绘制与深化，以及周期性重复这一系列工作所耗的精力。在创作的过程中，我参阅了海量国内外绘本及相关书籍，常常深夜还挣扎在信息的整理和叙事的创作中，也常常清空脚本和图纸重新开始，试图使这本书的内容与现实生活一样富有质感，并注入自己对城市的认知和情感。《绘长沙 · 潮宗街》绘本从空间、事件和场所记忆出发，远不止是对城市文化生活的记录和传承，更是对未来的一种回应。感恩创作团队里每一位成员的坚持，相信故事从未完结，只会沿另一条道路继续。

彭凡

《绘长沙 · 潮宗街》作为绘筑中国系列绘本的第二部，它继承了《绘长沙 · 太平街》的创作思路与创作体系，而我十分荣幸能够参与到《绘长沙 · 潮宗街》的整个创作历程之中。从前期走街串巷采集素材，人物访谈故事的挖掘、场景细节的拍摄、无人机倾斜摄影大尺度扫描街区进行三维重建、激光三维扫描建筑的室内外场景还原；到中期的场景建模、故事版构思；再到后期的故事版深化、场景细节的增删、整体叙事风格的排版与定稿，历时两年多的时间，都让这本书成了一本熬得住时间、慢工出细活的作品。作为创作团队的一员，同时作为一名建筑学学生，一路走来的创作历程给了我诸多感想与启示，对于当今我们不得不面对的城市化、历史街区保护以及社区活力与更新的问题，都有了更加真实且深刻的体会与思考，甚至开始反思传统的建筑设计改造与更新，与这种新式的绘本叙事表达之间究竟有何关系，又有何利弊。在绘本创作之中，对于人的关注，对于空间的叙事化表达，都让我仿佛能够像一名导演一样，去表现我自己对于潮宗街的感受体验与想法，情节、空间、体验三者融合交织在一起，让我看到了一个活化了的，充满着人情味、烟火气与体验感的潮宗街。就跟我们现在做建筑创作也越来越注重人的心理、感受和体验一样，比起以前自己做的冷冰冰的设计，绘本的创作历程也让我用新的思考方式来审视自己的建筑观，突破自己的思想桎梏，反思自己的审美。而在创作前期对新技术的掌握与应用，在大大提高了创作效率的同时，也让我提前看到了数字时代建筑领域的风起云涌的变革。建筑的未来，定是朝着多元化、人性化、数字化的方向不断进步与发展，这也是我们青年一代建筑学人要把握的方向与大势。

ZOO YORK

71-LINE

农家饭馆
体育彩票
芝林大药房
云海江滨

快递
快捷 便利
彰显公平公正
津市牛肉粉
不剪不散
废品店
新 惠
防空洞
打印复印
地产中介
电话：8XXXXXXXX
中山建材店
招待所

潮宗街三维重建记

潮宗街作为历史文化名城长沙主要的历史街区，保留着一大批历史建筑。历史街区内清末民初的公馆、会馆、民居、教堂、寺观等各类历史保护性建筑近30处，它们是潮宗街历史文化的重要组成部分。目前街巷中的历史建筑已饱经沧桑，伴随着城市化进程的迅速发展，城市管理者面临着旧城更新建设与历史建筑保护等问题，如何提高居民生活空间品质又保护好、管理好历史建筑，是一个迫切需要解决的问题。

在绘本的创作过程中，团队利用无人机倾斜摄影技术、三维激光扫描技术，以及我们自己开发的空地一体精细化三维模型构建技术等对潮宗街进行三维数字化重建的应用研究。大到整个街区的场景采集，小到单体建筑的室内外精模融合，将历史保护性建筑背后的城市文化“DNA”再作为创作参考，也为它们的保护、管理、改造和防灾等一系列工作提供科学依据。

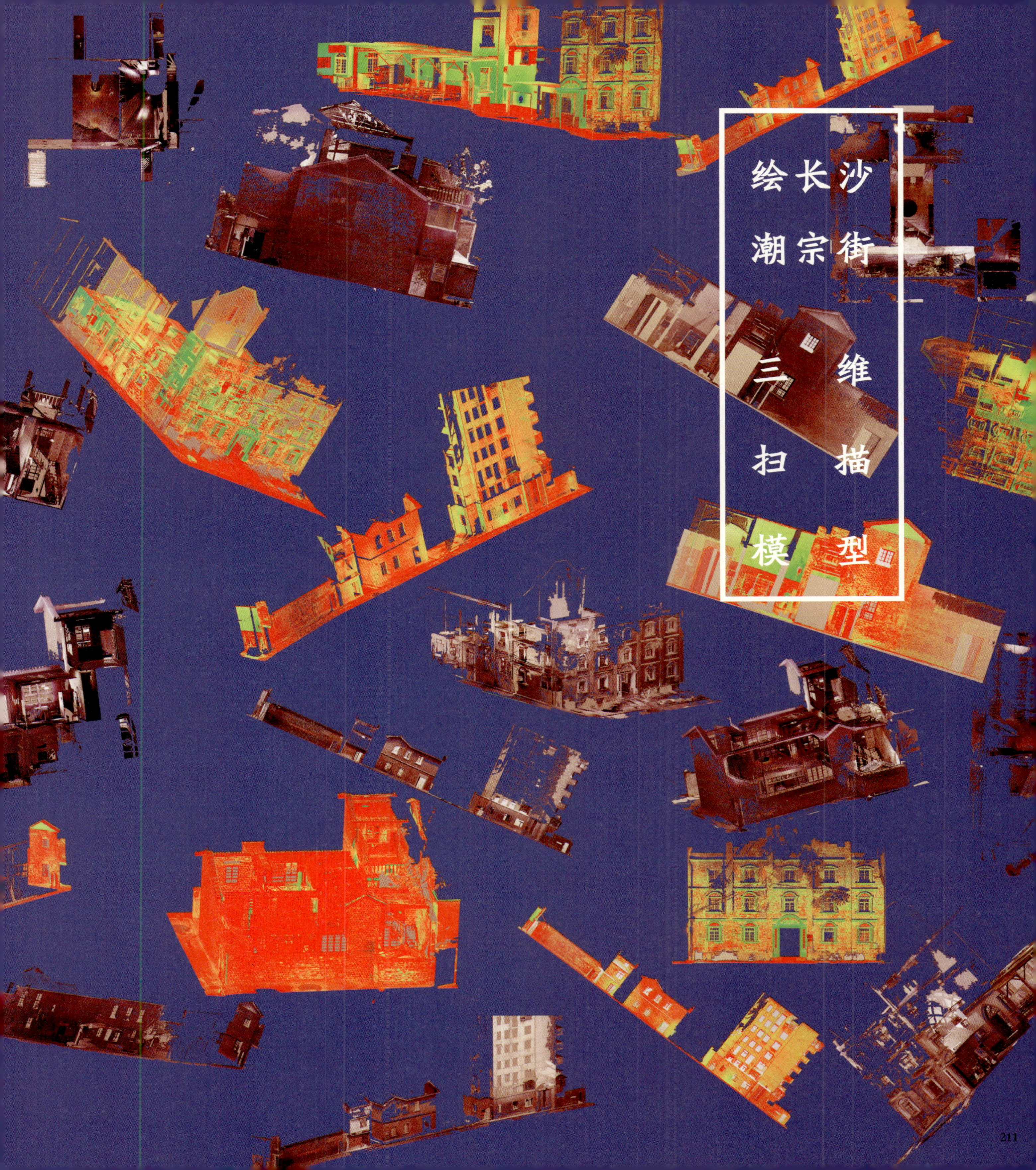
绘长沙
潮宗街
三维
扫描
模型

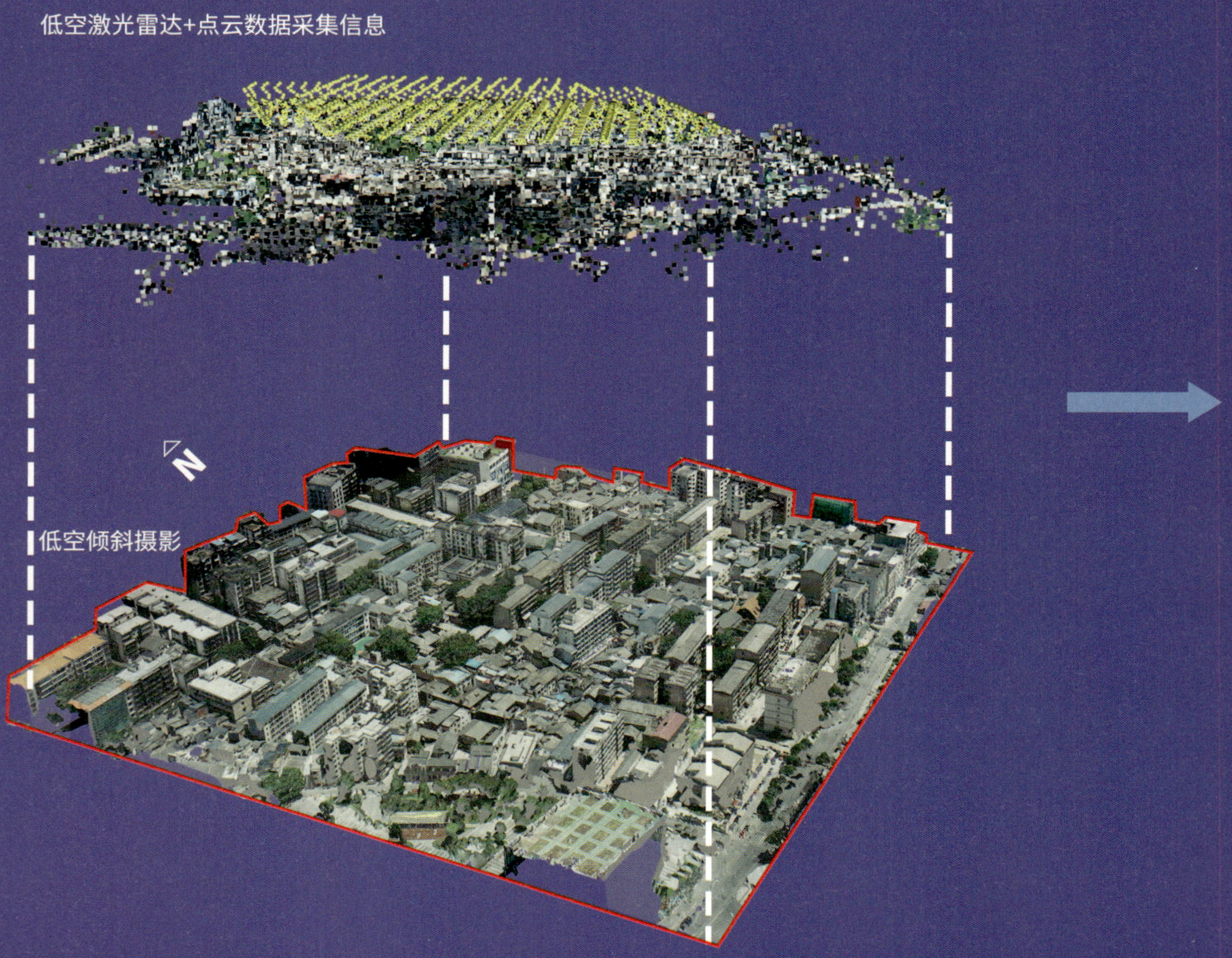
低空激光雷达+点云数据采集信息
低空倾斜摄影
N

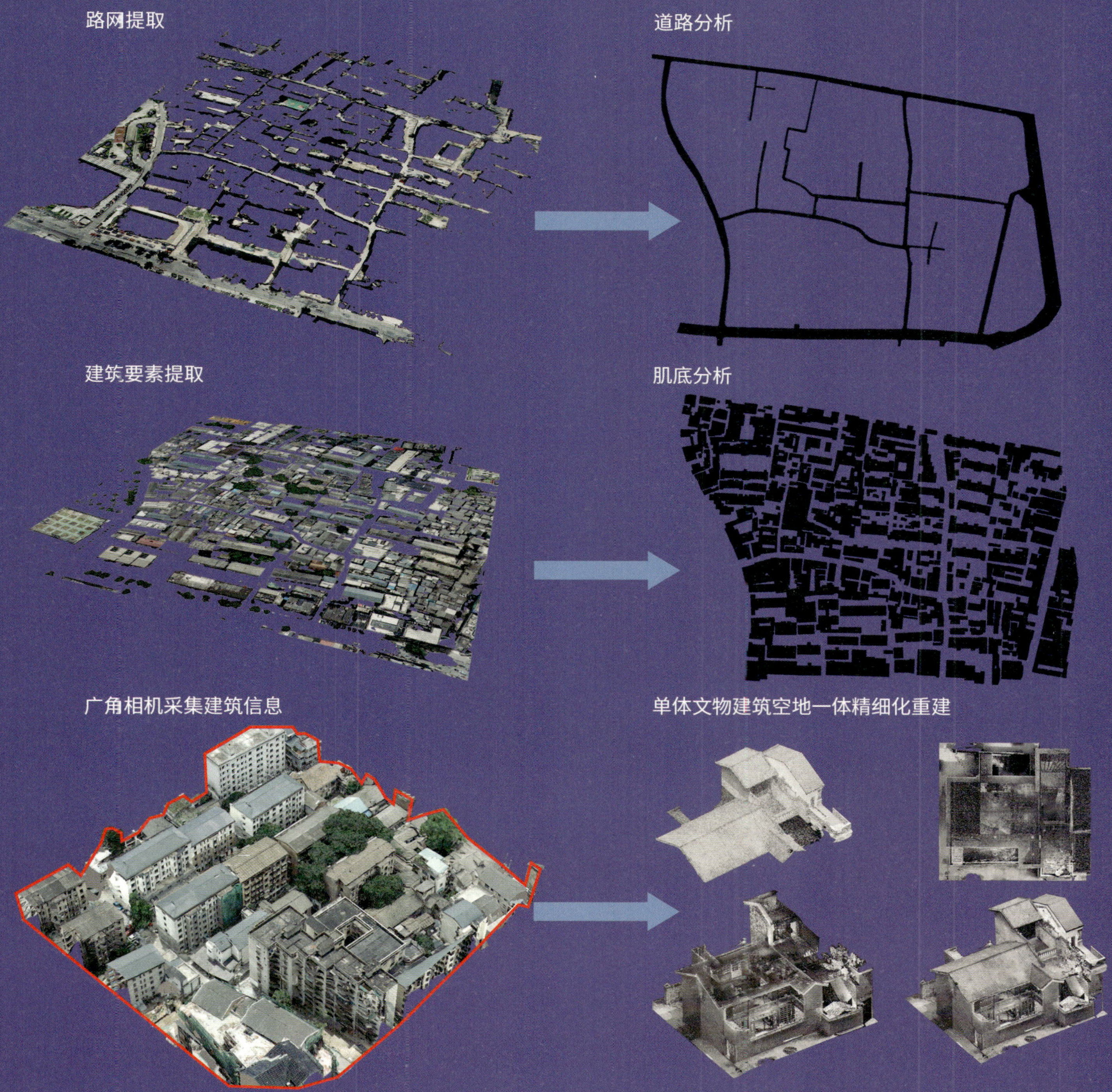
路网提取
道路分析
建筑要素提取
肌底分析
广角相机采集建筑信息
单体文物建筑空地一体精细化重建

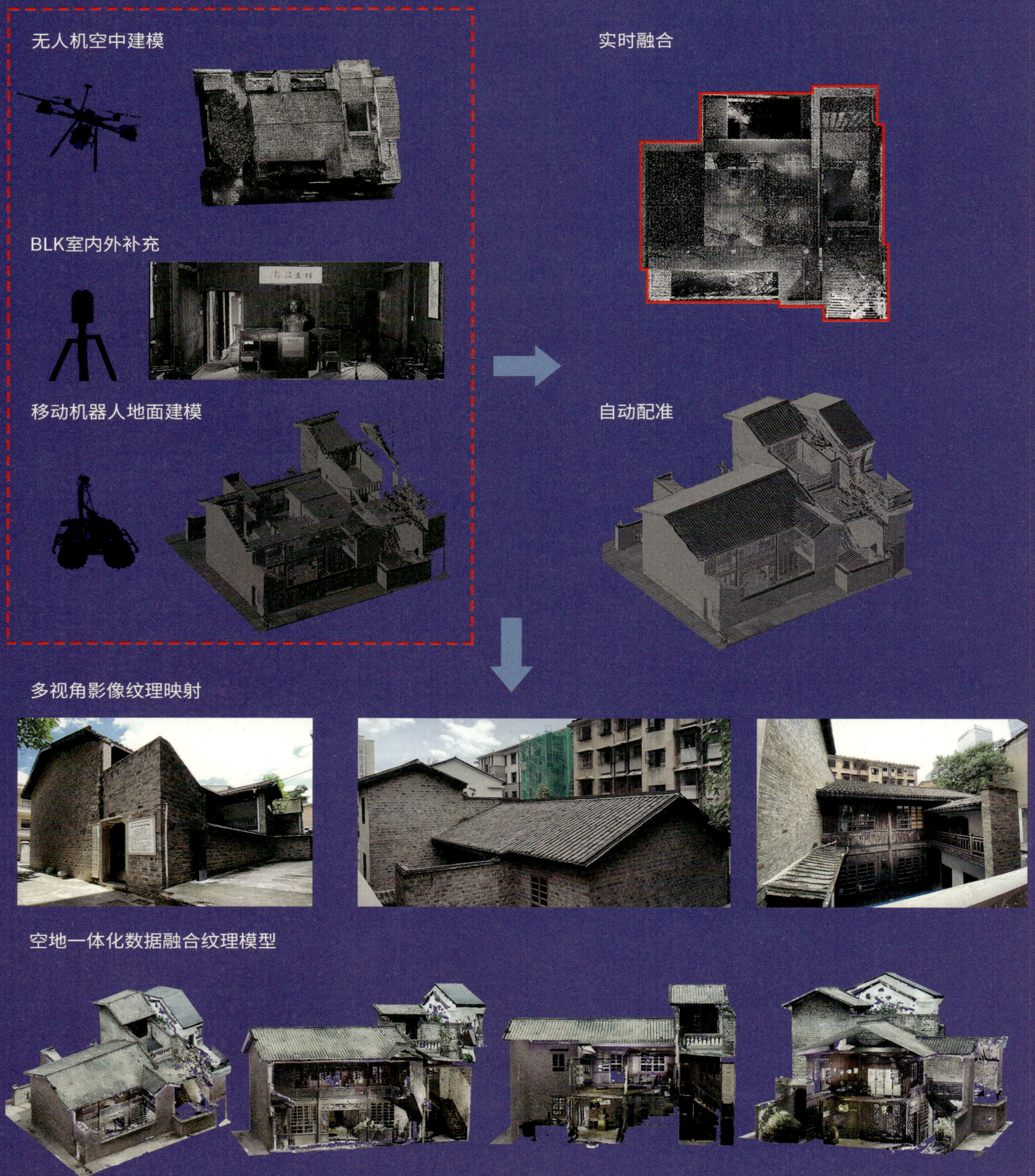
无人机空中建模
BLK室内外补充
移动机器人地面建模
实时融合
自动配准
多视角影像纹理映射
空地一体化数据融合纹理模型

融合建筑模型生成

融合室内模型生成

九如里—连升街公馆群模型

筒子楼剖开模型

金九活动旧址剖开模型

潮宗街教堂模型

连升街裁缝铺模型

清泉食杂店模型

围挡下面
严禁停车
权衡征收利弊
认清政策归心
积极配合政府
推进城市建设
捷报
潮宗街项目签约
突破一千户
围挡下面
严禁停车
决不让通情达理者吃亏 决不让无理取闹者占便宜

绘长沙
潮宗街
创作
后记

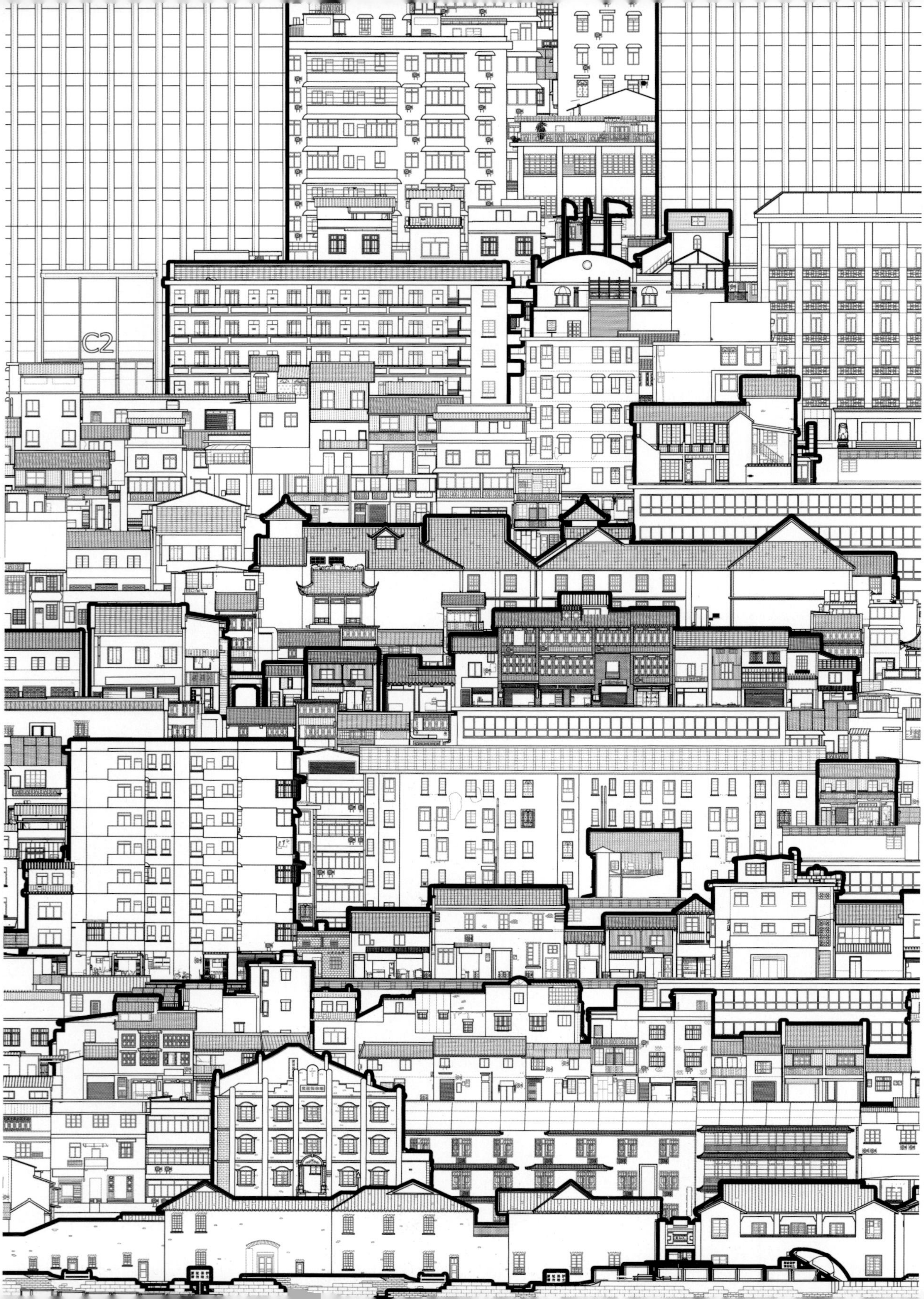
C2

代谢中的城市

——《绘长沙 · 潮宗街》创作后记

王蔚

在近几年的城市更新中，历史街区常常被政府和商家寄予厚望，“城市文化新地标”仿佛成为其在这场轰轰烈烈的空间建造中的唯一宿命。但我们不禁要反问：“这样的街区空间就是我们所期盼的旧城新生吗？”这些具体化的集体记忆，成为我们个人的城市记忆和空间经验，并在此之上构成了我们的整个新的知识结构，构成了我们有意义的文化体验的一部分，也可以说正是我们构建身份认同的底色。

《绘长沙·太平街》项目完成已有两年的时间，我无数次地问自己：是否需要继续在这条路上走下去？来自业内的众多质疑声，让我开始逐渐否定自己的选择，但是一次偶然的机会又让我看到了一丝曙光：长沙市城乡规划局的一次邀请，让我有机会参与探讨潮宗街城市绘本的外宣项目。这一次虽然经费不是很多，但让我们在实践过程中重拾了继续的勇气，在反思太平街绘本的不足之后，重新开始征程。这一次，我们没有回头路可走，这一次，我们走向潮宗街。

考察潮宗街时，我常常回想起研究生时期对于太平街改造的调研。由于当时建筑学知识储备相当薄弱，这次的潮宗街项目让我仿佛又回到了 2005 年前后，看到了太平街改造时的景象。潮宗街这次更新改造，没有新增马头墙，保留了许多的历史建筑，没有大规模拆迁，保留了原住民的原生态生活，让人倍感欣慰。潮宗街改造虽还有许多不足，但相比太平街，已经有了许多进步。所以我和我的团队在潮宗街的绘本创作中更加注重挖掘城市 DNA 对城市文化的塑造，更加注重空间叙事性的挖掘与呈现方式，并交替利用新、旧媒介建筑的传播优势展开创作，并思考对于大众而言，了解建筑到底有何意义？

潮宗街绘本的创作以叙事、事件、物质空间作为出发点，通过居民访谈、记忆地图、叙事串联、场所营建等几个方面展开，将难以感知的街区文脉重新注入到更新后的物质空间中去。尤其是在叙事部分，吸取太平街绘本的不足，主要以物理空间作为线索，分为历史建筑的演绎、原住居民的生活呈现、新闻事件的再现、街区记忆场景的复原与及中国式的城市更新的思考等几个方面展开创作，满足当前旧城更新核心诉求，并以保存旧城文化为导向展开创作延展。

同时，正如 80 后艺术家杨泳梁创作的《人造仙境》系列及艺术家曹斐创作的“人民城寨”(RMB City) 作品试图诠释的那样，几乎所有中国当代新城的代谢景象都是一幅高度自相矛盾的、相互整合的、充满揶揄与质疑的，同时充斥着话题性、娱乐性、消费性的城市画境。这给予了我们许多创作思考与启示，我们也尝试用这种多元化的表现形式，创作出癫狂潮宗、折叠潮宗、潮宗大厦等作品来娱乐性地诠释代谢中的潮宗街。

参考文献

参考论文:

曹昌，文亮，2012. 长沙古城墙被"保护性切割"万达豪宅或将水涨船高 [N]. 中国经济周刊，(11):43-45.

陈敏，廖一波，杨安娜，2019. 民国时期湖南会计教育发展探析 [J]. 财会通讯，(13):123-126.

丁聪，金敬梅，2018. 建筑叙事学在长沙历史街区更新中的应用 [C]//《工业建筑》编委会，工业建筑杂志社有限公司.《工业建筑》2018 年全国学术年会论文集（下册）. 北京：工业建筑杂志社 :6-10.

冯青，范俊芳，2012. 长沙太平街历史街区空间与人文解析 [J]. 华中建筑，30(3):139-142.

高剑，2014. 长沙市太平街历史街区的叙事空间评价 [D]. 长沙：中南大学.

侯泽华，2016. 长沙潮宗街历史街区有机更新复合策略探究 [D], 长沙：湖南大学.

黄佳佳，陈锦富，黄军林，2014. 旧城更新规划中"潜在事件"的弹性调控——以长沙古城墙事件为例 [C]// 中国城市规划学会. 城乡治理与规划改革——2014 中国城市规划年会论文集（11——规划实施与管理）. 北京：中国建筑工业出版社 :815-825.

黄伟欣，2015.1978 ～ 2012 年长沙历史城区不可移动文物的消失过程研究 [D]. 长沙：湖南大学.

刘国强，张卫，2018. 历史街区空间的叙事性营造——以长沙西园北里为例 [J]. 城市学刊，39(6):100-104.

刘璇，2014. 历史街区复兴中的记忆激活 [D]. 长沙：湖南大学.

彭凡，王蔚，2019. 潮宗代谢——《绘长沙·潮宗街》创作进行中访谈 [J]. 中外建筑，(2):17-19.

王蔚，高青，易锦田，等，2017. 互联网时代下的建筑图像传播解析——以《绘长沙·太平街》为例 [J]. 住区，(5):13-18.

王蔚，欧雄全，许昊皓，2018. 历史街区的图像叙事与再现——《绘长沙·太平街》的创作与思考 [J]. 装饰，(7):118-120.

王蔚，欧雄全，许皓昊，等，2019. 历史建筑改造后对社区环境微更新的启示——以长沙马益顺公馆群为例 [J]. 建筑学报，(S1):42-46.

王蔚，魏春雨，缪琳，等，2010. 历史街区对城市发展的影响——以改造后的长沙太平街为例 [J]. 建筑学报，(S1):18-21.

黄媛媛，曾益海，等，2017."凡益开题"第二期：长沙！满城尽是 Art Deco?[J]. 中外建筑，(2):12-15.

肖蓓，2017. 长沙市潮宗街地域性景观设计研究 [D]. 长沙：湖南农业大学.

杨安娜，祝子丽，2017. 正德厚生 经世济用——一个鲜为人知的厚生会计学校 [J]. 湖南财政经济学院学报，33(2):2.

杨孟凡，2017. 空间与记忆——长沙潮宗街的人类学考察 [D], 长沙：湖南师范大学.

赵晓华，2013. 长沙潮宗街工地考古发掘情况简报 [J]. 湖南省博物馆馆刊 :88-95+4-5.

参考书籍:

陈先枢，2006. 中国长沙——长沙老建筑 [M]. 罗斯旦等，摄. 北京：五洲传播出版社.

陈先枢，杨里昂，彭国梁，2012. 民国文人笔下的长沙 [M]. 北京：国防大学出版社.

陈先枢，2017. 长沙近现代工商业 [M]. 长沙：湖南人民出版社.

陈先枢，2017. 名人与长沙风景 [M]. 长沙：湖南人民出版社.

谢建辉，2006. 中国长沙·历史街巷寻踪 [M]. 昆明：云南民族出版社.

杨里昂，彭国梁，陈先枢，2017. 当代文人笔下的长沙 [M]. 长沙：湖南人民出版社.

张湘涛，2014. 老照片中的长沙 [M]. 长沙：岳麓书社.

章锐夫主编，2017. 湖南百年老照片 [M]. 北京：中国文史出版社.

创作团队

王蔚

湖南大学建筑学院副教授
凡益工作室创始人

易锦田

凡益工作室合伙人
策划与设计总监

周逸桉

湖南大学建筑学院硕士研究生
凡益工作室策划与设计副总监

彭凡

余隆基

徐智博

姚瑞华

张雅琪

伍田田

周鸿渐

姜滔

许一

兰子千

罗朴之

颜煜

清泉食杂
Qingquan Grocery Store
裁缝铺
The Tailor Shop
金九活动旧址
Jinjiu Activity Site
九如
Jiu Ru Li
民国旅社及戏台
Hotel and Stage of the Republic of China
潮宗里八号
Chao Zong Li No. 8
梓园巷
Ziyuan Lane
文化书社旧址
Site of the Cultural Publishing House
黄
兴
北
路
潮
宗
街

The Image of Changsha City
Chaozong Historic Street
绘长沙
潮宗街
陈云章公馆
Chen Yunzhang Mansion
刘娭毑的家
Grandma Liu's House
福
庆
街
古城墙
The Site of the Ancient City Wall
N

图书在版编目（ＣＩＰ）数据

绘长沙·潮宗街 / 王蔚，易锦田著．-- 上海 : 同
济大学出版社，2021.7
（绘筑中国 ; 2）
ISBN 978-7-5608-8597-1

Ⅰ．①绘… Ⅱ．①王… ②易… Ⅲ．①古建筑－长沙
－图集 Ⅳ．① K928.716.41-64

中国版本图书馆 CIP 数据核字（2021）第 111190 号

绘筑中国系列丛书
绘长沙·潮宗街
王蔚　易锦田　著

出版人：华春荣
责任编辑：晁艳
助理编辑：王胤瑜　徐天艳
平面设计：易锦田
责任校对：徐春莲

版 次：2021 年 7 月第 1 版
印 次：2021 年 7 月第 1 次印刷
印 刷：上海安枫印务有限公司
开 本：889mm×1194mm 1/16
印 张：15
字 数：480 000
书 号：ISBN 978-7-5608-8597-1
定 价：158.00 元
出版发行：同济大学出版社
地 址：上海市四平路 1239 号
邮政编码：200092
网 址：http://www.tongjipress.com.cn

本书若有印装问题，请向本社发行部调换
版权所有 侵权必究